Eckhard Henscheid · Über die Wibblinger

ECKHARD HENSCHEID

Über die Wibblinger

GESCHICHTEN
UND BAGATELLEN

HAFFMANS VERLAG

Dieser Band enthält
– unter Auslassung der sieben längeren Erzählungen –
sämtliche Texte aus
Eckhard Henscheid, *Ein scharmanter Bauer* (1980).

Umschlagzeichnung von F. W. Bernstein

Satz: LibroSatz, Kriftel
Herstellung: Ebner Ulm
ISBN 3 251 30021 0

1 2 3 4 5 6 – 98 97 96 95 94 93

Inhalt

Happige Grammatik *(1971/79)* 7
14 Schwedengeschichten *(1967)* 12
Von der Schönheit unserer Schutzleute *(1971)* . . . 17
Die Botschaft von Gilching *(1971)* 23
Die gespaltene Linke oder
Dialektik des postponierten Reflexivums *(1971)* 27
Ein flotter Tag im Leben
des Gottfried Benn *(1973)* 35
Welt, Kopf, Bloch u.a. *(1972)* 43
Der Herr Dr. Dregger *(1972)* 45
Marianne Ziereis aus Hiltenbach,
erlebte persönliche Papst-Audienz *(1970)* 53
Der Verlust des Mit *(1972)* 59
Im Lauf der Zeit I *(1971/78)* 65
Alles über Taxerer *(1972)* 71
Logelei *(1971)* 78
Gott ist doch nicht blöd *(1969)* 79
Das kleine »o« *(1971)* 84
Demographische Studien *(1972)* 85
Kein Pep, keine Chuzpe *(1974)* 92
Die Bettwürste werden immer frecher *(1971)* 95
Petersplatz 1974 *(1974)* 101
Sein und Wesen *(1977)* 102
Kurz: Ein Skandal *(1978)* 105
Ich weiß nicht mehr ein und aus *(1974)* 106
Wie funktioniert das? *(1975)* 111
Zur Frage der Druckfehler *(1978)* 113
Diese Kultur kann sich sehen lassen *(1979)* 115
Der alte Chinese *(1979)* 122
News from Grendel *(1971)* 125
Coco 80 *(1979)* 129

Die wundersame Straßenfegerin in der
Via Porta Rossa *(1979)* 133
Ein schönes Spiel *(1973)* 134
Im Lauf der Zeit II *(1978)* 140
Plädoyer für eine Erleichterungssprache *(1978)* ... 143
Über die große Uninteressiertheit unserer
Katzen am Fernsehen *(1979)* 145
Gescheiterte Romananfänge *(1979)* 148
Aus dem Leben der Polizei *(1979)* 151
Mein Lieblingswort *(1979)* 155
Alle Hans Ma(e)i(y)er *(1974)* 157
Mein erster und letzter Aphorismus *(1980)* 162
Hymne auf Bum Kun Cha *(1979)* 163
Über die Wibblinger *(1967)* 168
Tips für Lebemänner *(1978)* 176

HAPPIGE GRAMMATIK

I

Es ist schon etwas Merkwürdiges um den Beistrich (Komma), jenes schmale Häkchen, das doch, allein durch seine Stellung, die ganzen langen Sätze mit ihren vielen dicken und breiten Wörtern vollkommen in der Hand hat. Jedenfalls in den meisten Fällen. Denn ist es nicht etwas unvergleichlich anderes zu sagen: »Er kam, um zu gießen« und: »Er kam um, zu Gießen?« Ohne Frage, doch schon hier spüren wir etwas vom Tückischen des Kommas, denn im zweiten Beispiel ist es eigentlich überflüssig. Dagegen zeigt der Beistrich sogleich, was er kann, wenn er nur will: Die Sätze »Humba humba tätärä« und »Humba, humba, tätärä« sind nämlich so verschieden wie Huhn und Ei; hier schroffe Distanz, dort allumfassender Eros. Doch unser Verdacht, daß das Komma intellektuell nicht zu packen ist, wird zur Gewißheit, wenn wir folgende nach unserer Schulweisheit völlig verschiedene Sätze nebeneinander halten: »Erst mehrere Jahre darauf gestattete Liszt seiner Tochter Cosima, wieder sein Haus zu betreten«; und: »Erst mehrere Jahre darauf gestattete Liszt seiner Tochter Cosima wieder, sein Haus zu betreten.« Es sei gedreht und gewendet, wie es wolle, der Sinn ist jedesmal vollkommen gleich! Wer hätte das gedacht!

2

Wie oft passiert es einem, daß er sagen will: diese und jene Tat gefällt mir an diesem und jenem Menschen. Statt das aber so zu sagen, hat der Mensch die Neigung, es eleganter zu sagen, und stößt dabei auf die größten Schwierigkeiten, und es kommt dann ein so undurchschaubarer Satz heraus wie dieser: »Das hat mir ihn sympathisch gemacht.« Etwas Bodenloses spricht aus diesen Worten, und wir fragen uns: Stimmt dieser Satz denn auch? Heißt es nicht eher: »Das hat mir ihm sympathisch gemacht?« Niemals – spüren wir. Dann schon lieber so: »Das hat mich ihn« – nein! Aber vielleicht: »Das hat mich ihm sympathisch gemacht.« Jawohl, so geht's! Nur – merken wir bei aller Freude den kleinen Unterschied? Der Satz stimmt zwar irgendwie, doch ist der Sinn jetzt genau umgekehrt, oder zumindest anders oder wie. Hier Ursache, Wirkung usw. auseinanderzuhalten ist fast aussichtslos. Dennoch können wir eine kleine Bauernregel anbieten, die uns souverän über so gefährliche Sätze hinweghilft: Entweder zuerst Akkusativ und dann Dativ, oder zuerst Dativ und dann Akkusativ. Zweimal Dativ oder zwei mal Akkusativ geht nicht.

Wer das auch noch nicht versteht, dem sei folgendermaßen weitergeholfen: Entweder zwei dicke Buchstaben am Schluß (ch, m) oder zwei dünne (r, n). Gemischt (ch-n bzw. r-m) geht nicht.

3

Kürzlich sagte der ARD-Reporter des Regionalliga-West-Spitzen-Spiels Westfalia Herne gegen Rotweiß Essen anläßlich der Verrohung des Spiels den Satz: »Diese Bilder benötigen keinen Kommentars.« So. Der Inhalt ist zwar ungefähr klar, was letztlich gemeint war, aber so geht es natürlich nicht. Wie kann man den Satz richtiger machen? »Diese Bilder benötigen keinen Kommentar«? Na ja, besonders stringent ist das auch nicht. Also eventuell: »Diese Bilder benötigen keines Kommentars«? Ja? Wirklich? Ist das auch ganz sicher, daß »benötigen« den zweiten Fall regiert? Soso. Eben! So sicher ist das beileibe nicht! Aber das Maul aufreißen!

Was tun? Das einzige, was uns bleibt, ist halt wieder einmal der gesunde Mittelweg, der Genitiv und Akkusativ, Frage und Anklage, Soll und Haben gleichermaßen zufriedenstellt. So daß es heißt: »Diese Bilder benötigen keines Kommentar.« Und jetzt erst ist auch endgültig ganz klar, was ursprünglich gemeint war: »Diese Bilder sprechen für ihnen selber.« Das Spiel endete 2 : 1 für Essen, eine echte Überraschung.

4

Ein Museumsdirektor sagte jüngst im Fernsehen: »Der Zuspruch des Museums erfreute sich im letzten Jahr eines ständig steigenden Zuspruchs.«

Was ist gemeint? »Ein Museum ist ein Museum ist ein Museum«? »Ein Museum ist ein Zuspruch, aber Persil bleibt Persil«? Nun, mit diesem Problem brauchen wir uns nicht weiter zu beschäftigen, weil es ist kein Grammatik-, sondern ein semantisches bzw. ein Museumssatzbausinnproblem.

5

Ich habe mich in Hanni verliebt. Gleichzeitig sie in mich. Gleichzeitig stand der gestirnte Himmel über uns. Gut. Wie aber soll ich jetzt diesen Sachverhalt syntaktisch einigermaßen ausdrücken? D. h. mit einem einzigen Satz? So vielleicht: »Während Hanni und ich *uns* ineinander verliebten, stand der gestirnte Himmel über uns.« Bon. Aber auch das könnte im Prinzip richtig sein: »Während *sich* Hanni und ich ineinander verliebten, stand . . .« Hm. Zweimal also reflexiv; einmal vorn, einmal hinten, einmal stark, einmal schwach. Allerdings: die zweitgenannte Lösung scheint zwar richtig – aber auch wieder doch nicht ganz so richtig wie die andere. Bzw. so schön. Sakrament. Nämlich wegen des beide Male (!) nachgestellten »ineinander«. Hieße es z. B. »Während Hanni und ich uns vergnügten«, dann könnte es exakt 50 : 50 gleich richtig »Während sich Hanni und ich vergnügten« heißen. Gut, bon. Wie aber ist es, wenn statt des bzw. zusätzlich zum gestirnten Himmel(s) gleichzeitig auch Josef und Evi sich bzw. uns verlieben? So: »Während Hanni, ich, Josef und Evi uns verliebten, stand der gestirnte Himmel wie nichts Gutes . . .«? Oder doch besser: »Während sich Hanni, Evi, Josef und ich uns ineinander verliebten, stand . . .«? Diesmal ist es umgekehrt: diesmal klingt das vorangestellte (präponierte) »sich« irgendwie irgendwo überzeugender. Vor allem im Verein mit dem zusätzlich nachgestellten (postponierten) »uns«. Aber andererseits wieder: »Während sich ich, Hanni, Evi und Josef ineinander . . .« – da sieht man genau: Ladies first! Sonst geht's schief. Aber, schließlich und endlich, wie ist es dann, wenn – und nun passen Sie gut auf –:

– wenn 2 mal 3 oder noch mehr Menschen sich ineinander verlieben? Ha? Ha! Menschen wohlgemerkt, unter denen ich auch bin, uns ineinander verlieben? Nun, keine Angst, aber ich glaube, dann paßt bloß das vorgestellte »Während sich Hanni, ich, Evi, Josef, Kathi, Ralf, Rolf und Angelina ineinander verliebten, stand . . .« Oder? »Während Hanni, ich immer hinter Hanni her, Evi (auch nicht schlecht!), Josef, Kathi, Ralf, Rolf und Angelina uns ineinander verliebten . . .« klänge irrtümlich. Oder jedenfalls etwas blöd.

Soweit dies. Schwer zu sagen, wohin das Pendel insgesamt ausschlägt. Bedenke ich es aber, alles in allem, sine ira et studium, dann gefällt mir vielleicht doch diese letzte Version am allerallerliebsten: »Während sich Hanni (wird langsam langweilig), ich, Evi(!), uns, Josef, Kathi (hähähä!), Ralf, Rolf (häh!) sowie Angelina (zz, zz!), ich, Gilberte (o lala!), Heidi, Gaby, in, Vicki, Zecky (aua!) endgültig einander verknallt und verkrallt und verschweinigelt hatten, erwuchs sich uns allen ein Riesenständer – und die Sternlein auch mit drein ...«

Das ist das Größte! *Gaby!!!*

PS: Kann man das eigentlich sagen: »Ich habe mich in Hanni verliebt. Gleichzeitig sie in mich«?

Eben! Nie! Sondern in Alfred Edel. Leider, leider, leider ...

6

In der »Bild«-Zeitung aber steht zu lesen: »Diese schöne Frau mit den lockigen Haaren hat Telly Savalas (52) verlassen. Es ist Sally (33).«

Also wer wen oder was? Welcher Akkusativ haut welchen Nominativ in die Pfanne? Nun, auch dieses Problem ist durch verschönerte Grammatik nicht zu lösen. Sondern nur durch das Bild in »Bild«. Auf dem sieht man nämlich genau, wie Tellys Auge Sally gerade verläßt. So wird's gemacht. Und nicht umgekehrt, Baby!

14 SCHWEDENGESCHICHTEN

1

Um das Jahr 1633 vernichtete der Schwed den Flecken Ochsensollen mit Mann und Maus. Nur ein Zicklein vermochte sich aus seinen Fängen zu retten und sprang hurtig gegen Diebis, wo es glaubte, ein Auskommen finden zu können. Indessen lauerte dort bereits ein anderer Schwed, knallte's Zicklein ab und fraß es auf gottlose Weise. Das Zicklein hätte sich nicht so weit vorwagen dürfen. Gott schenk ihm die ewige Ruh.

2

Besonders arg trieb es der Schwed in der dritten Rauhnacht des Jahres 1637. Da führt ihn sein Schandweg in einen tiefen Wald, und grad, wie er wieder heraus will, Allersburg zu nehmen, da stellt sich ihm ein wunderlich eisgraues Männlein in den Weg, das ist der Waldschrat Klapustrata. Der bannt den Schweden durch die Kraft des Waldes.

Da ließ der Schwede ab und ward abgetan.

3

Der alte Tuck bot dem Schweden am meisten Trotz. Einmal, bei Großalbershof, hätte er ihm beinah ein Bein gestellt und ihn um ein Haar gegriffen und so unser Volk von einem großen Wehdam befreit. Aber es war nichts. Das Andenken an den alten Tuck aber lebt fort.

4

Um die Mittsommerwende des Jahres 1621 oder 22 flog der Pestvogel von Brennsdorf (Obpf.) nach Wiefelsdorf und schrie »Hui hui, ei, ei, von hundert bleiben drei!« Es war aber nicht die Pest, sondern Gustav Adolfs Horde. Da begann ein großes Sterben.

5

Zwischen dem Schwedenhauptmann Knut von der Hurte und dem alten Tuck (Deutschland) bestand eine alte Widerlichkeit noch von der Schlacht am Lechfeld her. 1642 fügte es der HERR, daß sie sich zu einer Friedenskonferenz zusammensetzen und herraufen sollten. Da ging es im weiteren Verlauf darum, was der große Krieg eigentlich für einen Grund hat. Da wußten sie es beide nicht.

Heute wissen wir, daß es ein Glaubenskrieg war.

6

Zu Fahrenberg im Pfreimdischen, nahe an der Grenze gegen Böhmen (heute: Tschechei), ward oft in der alten St. Emmeranskirche eine Kröte gesehen, die fortan auf der Altarbank herumkroch, gleich als ob sie unseren lb. Herrn empfangen möchte, und auch der damalige Mesner Gaa vermochte sie nicht fortjagen. 23 Jahre später ward offenbar, daß die Kröte (Unke) den Schwed angekündigt hatte.

7

Eine andere Kröte trieb bei Mendorferbuch ihr Unwesen, aber im Friedhof. Sie hatte es mit der alten Austragsbäuerin, die Nandl hieß und eine Hexe gewesen sein soll. Mit dieser ward die Kröte oft, hebräisch und lateinisch plaudernd, angetroffen. Nandl wurde 1831 in Rom von Papst Leo gottselig gesprochen.

8

Als der Schwed Allerseelen 1629 gegen Schwend in der Oberpfalz vorrückte, da traute er plötzlich seinen Augen nicht. Steht doch da sein garstiger Name vor ihm selber auf dem Ortsschild! Das »n« aber, merke, übersieht der Schwed in seiner verblendeten Gottlosigkeit. Knut von der Hurte unterriet sich lang mit dem General Wrschn, da ließ der Schwede ab und beschloß, anderwärtig zu sengen und zu brandschatzen. Heute zeugt eine schmucke Gnadenkapelle von dem seltenen Wunder. Zwei Tage später aber machte der Schwed Hohenkemnath dem Erdboden gleich und auch der damalige Geistl. Rat Iber konnte nichts machen.

9

Als der Schwed einmal wieder den Marktflecken Vilseck heimsuchte und belagerte, da gelangte ein streunendes Hündchen in sein Lager und wurde mit ihm gut freund. Der Maler Herbst mußte dem gestrengen Herrn Winter weichen und dieser endlich dem Junker Frühling mit seiner holden Frau Musica, und immer noch war das Hündchen da. Später verschwand es wieder.

Man nimmt an, daß es aus Grafenwöhr zugelaufen war.

10

Der bekannte Landrichter Freiherr von Dürrstein hieß im Volksmund nur der Atn Atn. Das kam daher, weil er, trotz sonstiger Auskömmlichkeit, jeden Satz mit Atn Atn anfing. Als nun der Schwed bei ihm anklopfte, fragte Atn Atn ihn, Atn Atn, wer da wäre. Der Schwed glaubte sich verarscht und haute deshalb Atn Atn hart auf den Kopf. Seitdem ließ er seine Unart.

11

Es war um das Jahr 1634. Der Schwed hatte bereits Lintach genommen und auch Pursruck. Da rückte seine Hand gegen Aschach vor. Wie sie gerade so dabei ist, erhebt sich aus einer braunen Ackerscholle zuerst eine Hand und dann ein ganz vergilbter weißschlotiger Mesner und heißt ihn ablassen. Da wendet sich der Schwed gegen Kemnath am Buchberg, findet aber dort nur ein gescheckt Zicklein vor, das er schmählich anschießt. Das Zicklein kann sich aber in den nahen Wald (Pumperhölzl) retten und bricht dort zusammen und erfleht die Gnade Mariä. Da kommt ein Pharisäer des Wegs, sieht es und geht vorbei. Da kommt ein Kaufmann, sieht es und, item, geht vorbei. Da kommt ein Samaritan, sieht es und wird von Mitleid gerührt. Doch das Zicklein glaubt ihm nicht und wankelt gegen Auerbach.

12

Wo die hellgrünen Fluten der Donau mit den braunen und geheimnisdurchfurchten Wassern der Naab sich vermengen, dort liegt, eingebettet in arbeitsreiche Wiesen, der Marktflecken Maria Ort. Das rauhe Volk der Schweden, das heute auch so unkeusch geworden ist, hatte aber, wieder einmal unter der Leitung von Knut von der Hurte, dafür keinen Sinn und radierte ihn so ziemlich weg.

13

Der durch seine Listigkeit weithin bekannte Schafhüter Anderl Bielmayr aus Schmidgaden wußte sich auch im großen Schwedenkrieg Rat. Gleich nach dem Ausbruch 1618 floh er zu seinem Onkel nach Chicago. Dort erlernte er später die Trommel, das Waldhorn und die Medizin.

14

1648 war der große Schwedenkrieg auch schon wieder aus. Nur ein absonderlich tauber Schwed mit Namen Latern hatte es nicht mitbekommen und trieb sich weiter im Nordgau herum. 1653 gründete er zusammen mit einer strammen Bauernmagd aus Großschönbrunn das Geschlecht der Kegelburschen vom Abendland, wie es heute noch daselbst lebt.

VON DER SCHÖNHEIT UNSERER SCHUTZLEUTE

Beiträge zur Korrektur eines Berufsbildes

1

In voller Pracht stehen sie vor uns auf ihrem Postament. Glänzend der quadratische Kopf, pastos der Schultern Wucht. Vom Halse läuft er schnurgerade in den Boden hinein, ein Körper, in Leuchtfarben, sei's grün, sei's blau. Im Sonnenlichte aber flimmert die Pistolentasche, zu öffnen mit dem Druckknopf. Und mit unglaublicher Verve stampft der Fuß auf, wenn einmal ein Teilnehmer nicht so richtig will. Dann knallen und peitschen die Ermahnungen durch die Luft, muß alles sein.

2

Bezwingender noch der Eindruck, wenn sie bei den großen Aufmärschen An- und Abfahrt sowie Parkprobleme meistern. Mit schnellen, ins Unermeßliche ausholenden Armstößen, an welchen aufopferungsbereit der gesamte Körper beteiligt ist, werden die Teilnehmer zur Zügigkeit angehalten. Stundenlang fliegt da der Arm im Halbkreise von rechts nach links, von oben nach unten, choreografisch einwandfrei. Zusätzliche Temposteigerung wird durch Verzerrung der Gesichtszüge (meint: »Ihr Schweine, loslos!«) erzielt.

3

Der atemberaubendste Anblick ist dann erreicht, vollführen sie die beschriebenen Bewegungen vom Rosse aus. Ein Bild der Zeit: Ruhig und stehend das Tier, leidenschaftlich um sich schlagend der Mann drauf. Hoffentlich fällt er nicht herunter.

4

Zu den grünen und blauen Trikots gesellt sich jetzt kraft Erlaubnis des Präsidenten hin und wieder auch das weiße Gewand. Es betrifft Hut, Jäckchen und Hose und soll symbolisch die Gewalt des Sommers auch im Straßenleben widerspiegeln. Zusätzlicher Effekt: eine gewisse schwebende, irisierende Leichtigkeit und spielerische Note im Gesamteindruck des Schutzmanns. Die massenhafte Hingerissenheit der Frauenwelt dankt dem Präsidenten diesen guten Einfall.

5

Und dann die großen Polizeisportfeste, draußen vor der Stadt, im Stadion. Unter der Ehrentribüne sitzen Bundes- und Polizeipräsident Hand in Hand im zierlichen Gedankenaustausch über die Zukunft des Landes und ihre Gestaltung. Doch schon springen die Schutzleute auf den Rasen, zu Hunderten und Tausenden, alle gleich, alle im Arbeitstrikot, und jetzt erst wird auch richtig klar, welche Festlichkeit da doch mit eingenäht ist.

Bald erfolgen die tollsten Tricks: Bocksprung, Hürdentechnik, Hechtrolle vorwärts, rückwärts, Schinkenklopfen – all das in unübersehbarer Zahl und erstklassigem Gewoge. Das Ich versinkt. Was bleibt? Ein unvergeßlicher Eindruck von Blaublaublau, Hopphopp und Zack, über welchen leidenschaftlich Märsche sowie Beifallsstürme hinwegbranden. Kunst ist, wenn es eiskalt rinnt über den Buckel. Keine Wagneroper, keine Nationalhymne nach gewonnener Fußballweltmeisterschaft übertrumpft dies Fest.

Der Bundes- und der Polizeipräsident sind hochzufrieden. Beide deuten mit den Armen auf den Rasen, sich wechselseitig auf die schönsten Einzelheiten des Gesamtkunstwerks aufmerksam machend.

6

Oft unterschätzt werden hingegen die musikalischen Leistungen der Schutzmänner. Sicher, die Orchester sind nicht immer 100%ig ausgewogen, oft brechen sich tiefes Blech, Trommel und Schifferklavier allzu unaufhaltsam Bahn. Aber dann lächelt doch immer wieder das Glück, daß man in eine Weihnachtsfeier des Polizeipräsidenten mit Waisenkindern und sonstigen Sozialvertretern gerät – und unverhofft steht da plötzlich unterm Lichterbaum ein Schutzmann im Trikot und geigt, Wange zäh ins Holz vergraben, Augensäcke hängend bis zur Erde, »Es ist ein Ros' entsprungen« und »Süßer die Glocken nie klingen«. Der Präsident schwätzt mit dem Sozialreferenten, der Ton schwillt an, die Waisenkinder fressen.

7

Und dann im Sommer wieder! Ältere kompakte Schutzmänner, schreitend durch die Grünanlagen unserer Stadt. Diese beobachten wir am besten von der Seite. So, jetzt können wir sie blendend sehen. Oh, wie schön! Unter samtlindgrünem Blätterdach von Licht durchfunkelt geht's dahin – gleichmäßig und in steter Abwechslung werden die Füßchen ein wenig hochgeschnellt und patschen wieder auf den Kiesboden zurück. Simultan schiebt sich das grüne Wämplein nach. Das Schild der Kappe weist nach vorne, in die Zukunft, die gewünschte Richtung. Die Augen sind gekniffen und sehr klein, die Hitze groß. Prächtig aber rinnt der Schweißdreck jetzt die Wang' herab.

8

Die alte Klage: Mit der Polizeiausbildung steht es schlecht im Lande. Kaum, daß der Kandidat im Kursus auf seine 80 Schuß kommt. Doch da wird nicht herumgemeckert und die Flinte ins Korn geworfen. Da paßt man eben gut auf, wie es im Fernseh gemacht wird und beim XY. Und siehe, bald wird das Gerät ebenso feurig aus der Hosentasche gezogen wie auf dem Schirm. Sei's aus Notwehr, sei's aus triftigem Grund. Der Ohnesorg hätt' halt daheimbleiben müssen, tut uns leid.

9

Zwei Stunden steht er jetzt schon auf seinem Sockel. Ab und zu wird er um 90 Grad gedreht. Mit seinen ausgebreiteten Armen umschlingt er die Millionen. Ahnest du den Schöpfer, Welt?

10

Abends Fernsehen. Sport und Kriminal. Hat sich die Tageslast auf einen mittleren Pegel zwischen Wut und Schlaf geschaukelt und gewiegt, dann nix wie drauf auf die glückschnaubende Gattin! Das Ethos bleibt.

11

Höhepunkt der alljährlichen Faschingsumzüge in unseren großen Städten: die Polizeistaffel auf den Gäulen ihres Präsidenten – inmitten der vorbeiflutenden Lust, als deren Steigerung und Gipfel. Kopf hochgereckt ins Himmelsblau, lockere Mienen, hie und da zu einem alles verzeihenden Lächeln aufgeschmolzen, wie nicht mehr von dieser Welt. Da schau! Einer der Herrn winkt jetzt andeutungsweise mit der Hand sogar und murmelt auch »Helau«! Sterngeschloss'ne Einheit von Eros und Ordnung!

12

Hallo, hallo, Herr Präsident! Sind Sie am Apparat? Entschuldigen Sie vielmals, aber ich wollte nur fragen, ob man's nicht auch einmal mit dem lila Trikot versuchen könnte? Oder dem rosanen! Ich meine nur: die Farben der Liebe und des Traums. Nein? Nichts zu machen? Geht nicht? Ach so, wegen der Tarnung zu Wasser, auf der Weide, in den Wipfeln. Klar. Sehe ich ein. Danke. Ja, gute Nacht!

13

Jaja, da gibt zwar der Suhrkamp-Verlag eine klotzige Soziologie der Polizei heraus, aber um die Ästhetik kümmert sich keine alte Sau. Außer mir.

14

Des Abends. Die Sonne sinkt, die Schatten werden länger, letzte Atemzüge eines Sommertags, die Luft schwirrt schwül von heimlichen erotischen Signalen – da kann man sie sehen: Wie sie an den von Efeu umrankten Mauern vorbeischleichen, den Kopf schräg zur Seite gelegt, die Augen halb geschlossen, gleich als ob sie schliefen. Doch träumerisch umspielt die Hand die treue Waffe. Die

Tarnung ist perfekt, der Verbrecher hat keine Chance. Und steifer denn zuvor sind die Ohren in die Dämmerung gehalten. Eine Fliege umsummt den Quadratschädel, zwei Lerchen hoch aufsteigen, nachträumend in den Duft. Gleich wölbt die Nacht sich übers stille Land.

15

Wenn die ganze Pulle Schwachsinn durch ein Unendliches gegangen, dann stellt zuletzt sich auch die Anmut wieder ein.

DIE BOTSCHAFT VON GILCHING

Wie sich ein Wort des CSU-Vorsitzers wieder einmal bestätigte

Ende Oktober 1970 teilte der bayerische CSU-Vorsitzer anläßlich einer Wahlversammlung im Kinosaal zu Gilching in Oberbayern mit: »Wenn die Verflachung der Polatik beginnt, dann wird aus den bayerischen Bergen die Rettung kommen.«

Trotz dieser starken Drohung ging die Verflachung in den nächsten Wochen weiter, und im neuen Jahr mußte der Vorsitzer sogar dem Leiter der Jungen Union sagen, er gibt ihm »einen Kinnhaken, daß es ihn 'raushaut«. Als auch das nichts half, wurde das Wort vom Oktober Fleisch.

An einem eisigen Januarmorgen, am Quatembermittwoch nach Septuagesima, begann es sich in den bayerischen Bergen zwischen Lindau und Berchtesgaden zu rühren und zu regen. Nach einem scharfen durchdringenden Pfiff, der über die ganzen Alpen hinweg zu hören war, kam es hinter Winkeln und Wipfeln, aus Höhlen und letzten Löchern hervorgekrochen und gekrabbelt: Dutzende, Hunderte Wichtln und Feuchtln, Pfleiderer und Waldläufer, Stilzeln und Irrwurzen, Schrazeln und Truden, Murmeltiere und Maulwürfe, in Stein verwunschene Prinzen und Wildbachnixen, Sennen und Salamander, Gemsen und Geißen, Gnome und Schrate, Wopperer und Wibblinger, grüne Hütlein und pechschwarze Kopftücher, Zipfelmützen und Federbuschen, Vertreter von Zoll und Gebirgsmarine – und vieles andere Getier mehr. Und wanderte, in kleinen und bald immer stärker werdenden Gruppen, von allen Richtungen kommend im Sternmarsch auf Gilching zu.

Dort angekommen, drängelte sich alles in den Kinosaal hinein und nahm seinen Platz ein, auf dem Holzboden oder hinter dem großen Kachelofen, der sprühte heftig und freudig Funken. Eine Musik spielte jetzt auf, ein Radau wurde gemacht, ein braunes Getränk gereicht und allerhand gewawelt und gebrummt. Im Zentrum aber stand die Polatik.

Am andern Tag stand es im Gilchinger Anzeiger und wieder einen Tag später dreispaltig im Oberlandteil des Münchner Merkur: daß in Gilching was gehe. Da las es auch die CSU in der Zentrale in der Lazarettstraße in München, wo sie daheim ist. Da schickte sie zwei Beobachter mit dem Taxameter nach Gilching, das können wir auf Aufklärung schreiben, und in Gilching im Kinosaal war jetzt schon ein starkes Treiben. Ein Schrazel und ein Wichtl hielten gerade eine Analyse zur Polatik, und auch ein Name für das Ganze war gefunden worden, nämlich »Blaue Blume«, und gemeint war das unvergeßliche Enzian.

Als die Beobachter fanden, daß es gut war, fuhren sie in die Hauptstadt zurück und sagten dem CSU-Vorsitzer, daß sein Wort vom Oktober jetzt wahrgeworden war, schneller als erhofft gehe es mit der Verflachung der Polatik zuende. Da wollte es der Vorsitzer, ein dicker aber vorsichtiger Mann, noch nicht recht glauben, denn das hätte er selber nicht gedacht, und er hieß den Bayernkurier zuerst einmal abwarten und das Maul halten.

Da kam ein Eiltelegramm des Bischofs Dr. Grabel aus Regensburg, Salve Regina, Franz-Josef, und der Exc. Bischof schrieb dem Vorsitzer, er hat heut nacht eine Vision gehabt, daß das Heil ab sofort in Gilching sitzt, und du mußt sofort hin, mein verehrter Freund Franz-Josef! Da glaubte es auch der Vorsitzer und mit einem Rudel von treuen Mitarbeitern fuhr er nach Gilching, um das Wunder zu schauen.

Und er kam und sah, daß dort, wo das Heil saß, schon ganz schön aufgeräumt worden war und weit und breit keine Verflachung mehr zu spüren. Die Verträge annulliert, die Negermusik liquidiert, die Himmelsmutter gegenüber der drohenden Sexualität in ihren Rechten bestätigt und ein Ergebenheitsschreiben sowohl an den Papst als auch an den Griechen unterwegs. Und begeistert begrüßten die Heerscharen im Kinosaal, von den Feuchtln bis zu den Murmeltieren, den eingelaufenen Franz-Josef, der sofort eine zügige Rede hielt – jawohl, der hatte ihnen noch gefehlt, und da war er auch schon zum ersten Vorsitzer ausgerufen.

Da rief der Franz-Josef in München in der Lazarettstraße an, ja, er sei hier und hier gefalle es ihm für sein Leben gern, und wer noch kommen will, der soll schnell kommen, und der Sozialismus hat jetzt bald ausgespielt. Darauf trank er sich einen starken Rausch an, und als bereits der Morgen graute und ein Irrwurz und ein Pfleiderer sich gegenseitig hart auf die Köpfe hauten und während eine Trud ein Wunder mit dem Kino-Kruzifix bewirkte, auf daß dieses Blut schwitzte, währenddem dachten der Vorsitzer und seine besten Leute darüber nach, wie man an das Amtom rankommen kann. Es fiel ihnen aber nicht gleich ein, und darüber verging ein ganzer Tag, und am Abend gewann der Vorsitzer beim Kartenspiel dank seiner überragenden Intelligenz einen Herzsolo ohne fünf Bauern für 2 Mark 40.

Während der nächsten Tage und Wochen kamen auf Lockrufe des Bayernkurier noch Hunderte von Wopperern und Persönlichkeiten aus München, Altötting und Würzburg angereist, und allen gefiel es auf Anhieb wohl, besonders den Tierlein. Und allesamt logierten sie im Gilchinger Kinosaal, und es wurde sehr eng, war aber doch eine ausgezeichnet gemütliche Atmosphäre.

Im Lauf der Zeit verfielen die Häuser rings um den Kinosaal. Ihre Bewohner wechselten zum Teil zu den »Enzian«-Leuten, der andere Teil wanderte aus, und mit dem Einzug des Frühjahrs war das ganze Dorf von anderslautenden Elementen geräumt. Im Mai kamen ein paar Männer mit Pickel und Schaufel angereist und machten einen Zaun um Gilching. Zuletzt stellten sie eine Tafel auf, darauf stand »Naturschutzzentrum« und »Betreten auf eigene Gefahr«.

Die da drinnen aber lebten flott, von niemand behelligt und niemanden behelligend, fort, und an Sonn- und Feiertagen kamen die Touristen aus dem In- und Ausland und durften für 1 Mark 50 über den Zaun schauen. Da kam eine Zithermusik heraus, der Geist wehte, wie er wollte, und an windstillen Tagen hörte man den Vorsitzer drin reden, aber niemand verstand genau, was er sagte. Irgend etwas vom Amtom war es.

DIE GESPALTENE LINKE ODER DIALEKTIK DES POSTPONIERTEN REFLEXIVUMS

Die westdeutsche Linke ist gespalten, die Linke, was immer darunter sich begreift und zu begreifen sein mag. Nicht ist der Fakt zu eskamotieren, gleich ob human sich gerierende, in Wahrheit reaktionäre Philosophie von Gehlen und Popper bis hin zu den tristen Schlamms und Habes darüber in abgefeimtem Amusement kurrent versteinerter Rankünе sich ergeht oder ob aus dem Subterrain rot eingefärbter Universitäten und fahl schwelender Basisarbeit leiser gewordene Stimmen sich artikulieren, noch sei nicht aller Tage Abend.

So unumstößlich der Fakt, so vielfältig die Ursachen des Desasters, und scheinen will uns, ihrer noch längst nicht alle seien ins Licht der Analyse gerückt. Vielleicht noch nicht einmal die gravierendsten, integralsten, wer weiß?, und über eins dieser verschütteten, verschüttet von wem auch immer, Motive der Spaltung, des akuten linken Schismas, soll hier gehandelt werden. Denn viel deutet dahin, daß es, in der Literatur bisher, wenn überhaupt, so nur als Symptom, und als peripheres zumal, notiert, Agens jener virulenten Spaltung sein und gewesen sein könnte, von der hier schon dauernd die Rede ist. Wir reden vom Problem des prä- und des postponierten Reflexivums der dritten Person – »sich«.

Der wäre schlecht beraten, der hier nur ein formales Problem zu sehen geneigt ist, das einem Doktorandenseminar anstehen möchte. Gewiß, das umstrittene postponierte Reflexiv ward vom jungen Benjamin und in der Folge noch emphatischer von Adorno als Stilmittel verwendet, d. h. dazu, komplizierte syntaktische Konstruktionen per Eleganz, per Preziosität, die aus dem Ungewohnten rührt, etwas aufzumotzen. Aber, so wie es ein Anderes ist, Café oder Kaffee zu trinken, so ist es ein fundamental »Anderes« (und der berühmte Terminus des späten Horkheimer steht hier mit Recht und in voller Dignität), »sich zur schwachsinnigen Verehrung der Beatles zu entschließen«, oder aber: »zur schwachsinnigen Verehrung der Beatles sich zu entschließen« (Adorno, Tabus über den Lehrberuf). Die Diktion reift einmal mehr zur Sache, das stilistische Aperçu hat zum diskontingenten Indikator politisch-kritischer Intention sich eskaliert. Prä- oder Postponierung des »sich« ward zum Politikum, und wir stehen nicht an, als Arbeitshypothese zu formulieren: kraft seines Entweder-Oder-Charakters zur vordersten Ursache der Spaltung der westdeutschen Linken. Dies wird zu differenzieren sein müssen.

Die historische Perspektive

Ein Blick in die Geschichte des deutschen Reflexivgebrauchs lehrt uns viel, wenn auch nichts Verbindliches. Goethe, eingedenk seiner universellen, freilich tendenziell odiosen Konzilianz, schrieb alternierend: »Geprägte Form, die lebend sich entwickelt« (Urworte, orphisch), aber: »Je näher sie sich gewissen philosophischen Schulen hingeben, desto schlechter schreiben sie« (zu Eckermann am 14. April 1824). Eigenartig oszillierendes Wort! C'est ça! – Die Ahnherrn der Linken indessen? Unentschieden noch Marx: »Die Waffen richten sich jetzt gegen die Bourgeoisie selbst« (Kommunistisches Manifest). Doch schon einige Jahre später die dezidierte Revision: Was die arbeitende Klasse angehe, so sei die »sehr strittige Frage, ob ihre Lage sich verbessert habe« (Elend der

Philosophie). Überraschend links schon Hegel, wenn er vom Staat redet, »zu dem die Individuen durch Geburt sich mit Zutrauen und Gewohnheit verhalten« (Der Gang der Weltgeschichte, 1822). Die Distanz zum bürgerlich heiteren Nietzsche wird eklatant: »Es gibt heitere Menschen, welche sich der Heiterkeit bedienen« (Jenseits von Gut und Böse). Ja eben!

Das frühe 20. Jahrhundert trägt zunächst die waltende Indifferenz prolongierend weiter. Noch der erlauchte Karl Kraus darf, ohne der Reaktion sich verdächtig zu machen, jammern: »Zum Schutz vor eigenem Wahnsinn möchte man sich an einen Sinn klammern« (Walpurgisnacht). Sein Landsmann Ernst Fischer, philosophischer Marxist, nimmt es ungenau genug: »Benjamin vergiftete sich am 26. September 1940« (Ein Geisterseher in der Bürgerwelt), und schreibt schon fünf Zeilen später, »diese Schriften, auf die nun spät der Ruhm sich stützt« (l. c.). Österreichische Leben-und-Lebenlasserei? Imitation des Benjaminischen Duktus im zweiten Beispiel? Der Fall dessen, von dem die Rede geht, ist noch verworrener, ja ambivalenter: ». . . die sich an der Reproduktion nicht vollziehen lassen« (Kunstwerk im Zeitalter seiner technischen Reproduzierbarkeit), aber: »Wie die Ideen intentionslos im Benennen sich geben« (Ursprung des deutschen Trauerspiels). Ominös genug schränkte gerade der reife Benjamin seine Nachstellerei spürbar ein . . . auch darüber wird noch gesprochen werden müssen.

Im übrigen beherrscht Konfusion vollends das linke Denken. Sozialdemokraten und Kommunisten gehen mit dem Reflexivum um, wie es ihnen gerade einfällt. Chaos auch unter den Schriftstellern. Brecht präponiert ausnahmslos: »Während sie sich noch mit Heu versieht« (Kuh beim Fressen); »Kreon springt auf und stellt sich unter die Alten« (Antigonemodell 1948). Zugestanden, derlei Sätze lassen, was das Reflexivum angeht, kaum je Alternative zu – aber ist dies nicht wie eine Flucht – Flucht vor dem Engagement in obskures l'art pour l'art? Etwa auch bei Ernst Bloch: »Daß man in sich sitzt und hinaussieht, dies Einfache geht zwar früh an« (Geist der Utopie). Oder bei Georg Lukács mit einer in der Diktion eigenartig chamäleoniden Konfession: »Die deutsche Bourgeoisie flüchtet sich nach dem Juniaufstand« (Grablegung des alten Deutschland) . . .

Die reinigende Regelung

Die neblig verhangene Landschaft klärt erst sich, als Horkheimer und Adorno 1947 mit ihrem auch hierin epochemachenden Buch »Dialektik der Aufklärung« das postponierte Reflexiv für sakrosankt erklären. Fehlt es doch an keiner Stelle des Werks, mit einer einzigen Ausnahme, und hier in ostentativ parodierender Absicht, die Syntax der Reaktion zu entlarven: »Gerade, weil er nie passieren darf, dreht sich alles um den Koitus« (Dialektik der Aufklärung). Das Buch strotzt im übrigen geradezu von Nachstellungen, ihre invariante Signalgestik ist nur unverbesserlicher Banausie überhörbar. Insbesondere Adorno läßt nun nicht mehr locker: »Indem das Detail sich emanzipierte« (l. c.); »Nietzsche lebte nicht lange genug, um vorm Jargon der Eigentlichkeit sich zu ekeln« (Jargon d. E.); »Denken braucht nicht an seiner eigenen Gesetzlichkeit sich genug sein lassen« (Negative Dialektik); »Nur wenn, was ist, sich ändern läßt, ist das, was ist, nicht alles« (l. c.). Hier freilich wäre zu fragen, warum Adorno eine noch weit adrettere Postponierung entgehen sich ließ: »Wenn das, was ist, ändern sich läßt . . .« – hier wird schon spotlightartig jene mangelnde Radikalität sichtbar, die ja dem alten Professor später so schmerzlich zum Vorwurf gemacht wurde . . .

Vorerst aber sind die Adepten flink bei der Hand. Enzensberger: »In seinem Bewußtsein dünkt ein jeder sich souverän« (Einzelheiten). Sonnemann: »Ohne weiteres ließe der Passus sich einbauen« (Die Schulen der Sprachlosigkeit). Und fast allzu huldigend: »Adornos an und gegen die Zeit sich wendendes Werk« (Zur negativen Dialektik Adornos).

Zu schweigen von jenen Studenten des Frankfurter Professors und all den unermeßlich vielen draußen im Lande, die, flugs und weil's so Spaß machte, auch nicht sich entblödeten.

Auf der anderen Seite Decouvrierung der latenten Reaktionäre. Mag Böll noch so exaltiert zur »Sprache als Hort der Freiheit« sich schlagen, wie's mit der beschaffen ist, illuminiert schon der Satz über sich selber, »der sich als leidenschaftlicher Liebhaber der Sprache bekannt hat«. Oder, eine echte Überraschung, Mitscherlich: »Angst läßt sich um so leichter erzwingen, je . . .« (Unwirtlichkeit). Das »sich« entlarvt sie alle, so etwa, wie kaum anders zu erwarten, den JuSo-Führer Karsten Voigt: »Wenn sich nicht dogmatische Standpunkte durchsetzen . . .« (Erster Lehrlingskongreß der JuSo). Eben, Herr Voigt! Nicht die mindeste Überraschung bietet auch Papst Paul VI., der am 24. Juni 1968 dem Kardinalskollegium sagte: ». . . wobei man sich zu einer noblen und mutigen Gewaltlosigkeit bekannte, kommt plötzlich in gewissen Kreisen die Gewalt wieder in Mode.« Verräterisches Diktum!

Zuverlässig dagegen die neue Richtung mitmarschiert Habermas, wenn er sagt, daß »die Aufgaben der Staatstätigkeit als technische sich darstellen« (Technik und Wissenschaft als Ideologie). Merkwürdig diffus gibt sich, die ganze Zeit über, der Revolutionstheoretiker Herbert Marcuse – so, als ob er den schon sich anmeldenden neuen Richtungsschwenk gewittert hätte. Denn einerseits: »Indem der Entwurf sich entfaltet, modelt er das Universum« (Der eindimensionale Mensch). Aber: »Das Bedürfnis, sich am Rande des Abgrunds zu bewegen« (l. c.).

Umwertung aller Werte

Der Reflexivkonter wird eröffnet mit der paradigmatischen Besetzung des Soziologischen Instituts der Universität Frankfurt durch die Polizei, welche herbeizurufen Adorno nicht sich scheute. Die Vaterfigur Adorno erleidet, längst suspekt geworden, ihren raschen Verfall, und, mit ihr, die Postponierung des Reflexivums. Neuartiges Material wird gegen das bis dahin kanonisierte nachgestellte »sich« zusammengetragen. Etwa dies, daß Adorno – siehe oben – ja auch nicht immer konsequent gewesen sei; daß es Benjamin zwar in seiner bürgerlichen Phase radikal verwendet, sich aber nun ausgerechnet als Marxist immer mehr von ihm distanziert habe; daß auch Horkheimer auf seine alten Tage ganz schön geschlampt habe; schließlich: das Ganze sei ein Schmarren und könne der konkreten gesellschaftlichen Arbeit schwerlich dienen.

Und man erinnerte sich plötzlich des von Adorno und Hanns Eisler, dem 1962 in der DDR verstorbenen Musikpädagogen, in den Staaten gemeinsam erarbeiteten Buchs »Komposition über den Film«, das in je einer von Adorno bzw. Eisler autorisierten Fassung erschien und dabei entscheidende und signifikante Varianten aufweist. Denn während Adorno schreibt: »Eisenstein, der einzige bedeutende Filmschaffende, der bislang auf ästhetische Erörterungen sich eingelassen hat . . .« – derweil postierte der, wie mittlerweile bekannt, in musikalischen Fragen ungleich antibürgerlichere Eisler das »sich« säuberlich zwischen »der« und »bislang«.

Was folgte, war ein exemplarischer Vatermord und eine

Umwertung aller Werte zugleich. Deutschlands Linke betrieb auf geradezu maliziös frenetische Weise die Reinaugurierung des verfemten präponierten Reflexivs. Dutschke: »Haben *sich* Industrie- und Bankkapital dem Finanzkapital unterworfen« (Widersprüche des Spätkapitalismus). Rabehl: »Studentensekten, die *sich* vor allem in München und Berlin bildeten« (Von der antiautoritären Bewegung). Lefèvre: »Weil sie *sich* für Zwecke der Barbarei mißbrauchbar erwiesen hatte« (Reichtum und Knappheit). Cohn-Bendit polemisiert gegen Führer einer Bewegung, »der sie *sich* nicht mehr verständlich machen können« (Linksradikalismus) – aha! Amendt: »Berühren und streicheln *sich* Jungen und Mädchen an den Geschlechtsteilen« (Sexfront). Und K. D. Wolff zieht aus der gewandelten Situation energisch schon Bilanz: »Die Revolte weitet *sich* aus« (Deutschlands wahre Linke).

Nahezu rührend und psychologisch hochbedeutsam, wie sich in dieser unverhofften Entwicklung Adornos engerer Schülerkreis weiter treu zum Meister schlägt. So heißt es in einem Gemeinschaftsaufsatz: »Wer aber als Schüler Adornos *sich* versteht, muß gegen die Entrückung seines Werks *sich* wehren« (Kritische Theorie weiterführen). Oder Schüler Peter Brückner: »Sätze, an denen hoffentlich im einzelnen vieles als falsch *sich* erweisen würde« (Und nach uns wird kommen: nichts Nennenswertes). Ein anderer Eleve, der ehemalige SDS-Ideologe Achim Bergmann, distanziert sich zwar ostentativ vom Lehrer mit Sätzen wie: »Der Lehrer entwand *sich* dem Schüler«, oder: »Der Einsatz von Schneidbrennern entzieht *sich* dem Repertoire«; aber dann leistet er sich doch wieder Versprecher wie: »Da die gesellschaftlichen Beziehungen der Menschen durch den Austausch von Waren *sich* vermitteln . . .« (Zur Apathie des neuen Kritizismus).

Für den ausnahmsweise gerade nicht apathischen, für den kritischen Beobachter entbehrt dergleichen nicht der ironischen Pikanterie . . .

Ausblick

Bestätigt hat sich unsere These, die Postponierung des Reflexivums sei Schlüssel, sei Indikator. Die Frage erhebt sich nun aufs neue und freilich noch verschärft: für was? Hic et nunc, ohne das Vermittelnde historischer Distanz, läßt sie sich nicht beantworten. Was kommt? Abwarten! Im Augenblick macht das Reflexivum Tabula rasa – sich in diesen Prozeß zu mischen, hieße allzu vieles wagen. In jedem Fall wird die Philologie noch ein beträchtliches Stück Arbeit leisten müssen, in interdisziplinärer Kooperation mit den historischen und den Sozialwissenschaften. Die Ergebnisse bleiben mal abzuwarten. Was die Herren empfehlen, läßt nicht sich ahnen. Dieser Essay kann nur ein Auftakt sein, Problembewußtsein erst einmal herzustellen – der Anfang einer Analyse, der dann eines Tages Anamnese, Diagnose, Dialyse und Diaprojektoren anschließen sich müssen, die Spaltung der Linken, was immer das sein mag, aufzuheben, zu beenden. Nicht lohnt hierbei der Blick aufs linke europäische Umfeld sich. In England und Frankreich z. B. exisitiert der Spannungsbazillus, die Stellung des Reflexivums überhaupt nicht. Dort ist man hart. Und eben das sollte zwar die Entscheidung nicht abnehmen, vielleicht aber doch zu denken geben. Siech. Äh: uns.

EIN FLOTTER TAG IM LEBEN DES GOTTFRIED BENN

*Aus Lyrik und Alkoholismus**

> *»Potente Gehirne aber stärken sich nicht durch Milch, sondern durch Alkaloide. Ein so kleines Organ von dieser Verletzlichkeit, das es fertigbrachte, die Pyramiden und die Gammastrahlen, die Löwen und die Eisberge nicht nur anzugehen, sondern sie zu erzeugen und zu denken, kann man nicht wie ein Vergißmeinnicht mit Grundwasser begießen.«*
>
> *(Benn, Provoziertes Leben)*

Würzburger Hofbräu. 9 Uhr 50. Ich, Dr. Gottfried Benn, erwache dort, wo ich gestern *alleine nach großer Nacht Korn und Weine dargebracht* und wo mich der Wirt, sehr freundlich, gleich hat liegen lassen: hinterm Ofen, auf der Bank. Mein Gott, was ein Nächtle! *O aufgetrunkene Schwäre! Trunkene Flut!* Ein aber ehrlich runder Abend, Herrschaftseiten!

Das Lokal ist noch leer. *Grog und Magenbitterreste* von gestern hängen noch satt in der Luft. Was tun? Nach Hause gehn? Nichts da, Gottfried! *Bleiben und Stille bewahren!* Frühstück? *Es lohnt kaum den Kakao.* Erst *abends Destille?* Nein, besser gleich scharf am Ball bleiben und ein strammer Frühschoppen. Hinterm Tresen hantiert Albert herum, *trinkt rasch mal*, wahrscheinlich schon wieder *rauschnah und todverfärbt* sowieso. Ein gutes Haus, *der alte Kellner. Wenn eins ihn seiner Kinder sähe: er möchte wohl ein anderer sein.* Ausgezeichnet! Bereits in aller Herrgottsfrühe wieder *toxische Sphären.* Na ja, ich sag mir halt immer: *Vor keiner Macht zu sinken, vor keinem Rausch zur Ruh, du selbst bist*

Trank und Trinken, der Denker Du. Nur nicht nachlassen, Gottfried! Albert, ein dunkles Weizenbier!

Meine Augen trinken schon. Danke, Albert! Ah! Klasse! Das zischt! *Ich gurgle bis in mein Tief. Das Unaufhörliche. Ein dunkler Trank.* Warum einen so duften Morgen mit Arbeitskram belasten? *Fraß, Suff, Säfte tauschen,* das ist halt immer noch das Gescheiteste für den *späten, den götterlosen, den Rauschtyp.* Sicher, ich bin Arzt und Dichter dazu, und von Rechts wegen könnt' ich eigentlich wieder mal in die Schreibmaschine greifen – aber was soll's, am besten, Benn, *wenn du schweigend weitertrinkst.* Albert, noch ein Weizen!

Äh, was ich sagen wollte: Ja, die Dichtung. *Der Geist muß wohl in allem rauschen.* Geschichte? *Tausendjährig Vase und Krug. Die trunkenen Fluten fallen.* Muß alles sein, jawohl. *Die Welten trinken und tränken sich Rausch zu neuem Raum.* Genau. Und klingt auch noch gut. Werd' ich im nächsten Poem unterbuttern . . .

Was war eigentlich genau gestern abend? Ah ja, richtig, zuerst in einer dieser *Kneipen, wo ich manchmal hause grundlagenlos.* Ja, und dann eben hier. *Stillem Trunk ergeben.* Klasse-Publikum hatte es gestern! Alle vom Saufen *braun wie Kognak. Und alles trunken.*

Albert, jetzt ein Pils! Und einen Klaren! Wird mir schon gleich besser. Ah, siehe da, der zweite Gast! Scheint'n guter Typ zu sein: fängt gleich mit Bier und einem Whisky an. Ich sag's ja, am besten gefallen mir halt immer *diese Lechzenden, die aus zwei Bechern trinken.* Bier und Schnaps: die ideale *Synthese. Trinke dich satt,* Herr Nachbar. Was ein Zug! Bißchen nervös freilich. Jaja, diese Destillen. *Zuerst Räusche und Rausch und dann das große Zittern.* Na ja, was soll's?

Bewegender Anblick des *Kellners, der an der Registrierkasse das neue Helle eindrückt. Das sind noch Menschen, denkt man, wenn der Kellner an den Tisch tritt.* Echtes menschliches Miteinander, *besiegelbar durch Korn!* Werde ihm einen ausgeben. Prost, Albert!

Au weh zwick! Ein furchtbares Gewürge: Eine Mannschaft Möbelpacker donnert ins Lokal, besetzt schauerlich lärmend die Theke, eindeutig schon *rauschbereit.* Fängt zu grölen an:

Wir kippen
die Schnäpse auf die Schrippen
die Schränke klirrn, die Dame schreit:
ein Schluck –
die Stube kommt in Ruck!
Zuck! –

Herrlich! *Ein jeglicher trank.* Rauhe Schale, grandioser Kern. Ruck und Zuck. Ex und *hopp*, jeder vier Klare, und schon geht's wieder an die Arbeit und *rauscht in Sturzgestalten* zur Tür hinaus.

Der Herr drüben bestellt sich noch ein Bier, das ist mir angenehm, dann brauche ich mir keinen Vorwurf zu machen, daß ich auch gelegentlich einen zische. Na ja, klar, was heißt »gelegentlich«? Eigentlich ja permanent. Und genau genommen brauch ich auch den Herrn nicht dazu ... *»Ich bekomme eine Brüh, Herr Ober!«* brüllt der Herr jetzt. Alles klar, nickt der Ober – ah, und jetzt bringt er auch schon was Undefinierbares angewackelt. Aber der Gast scheint hochzufrieden. *So trank er denn den Schnaps und nahm die Wurstsuppe, donnerstags umsonst gereichte.* Sublime Mixtur: Schnaps und Wurstsuppe. Gibt sicher wieder *schluckweis Erbrochenes.* So muß es sein. Das Abendland. Mittelmeerkultur. *Schnaps, Sonne, Zedern ...*

Ach so, ich könnte ja auch mal was Festes zu mir nehmen. Soll recht gesund sein. Bestelle *Fisch und Wein.* Prächtige *Blume des Weins.* Wein ist überhaupt ein Hammer. *Liebe ist Wein ... Palmen und Wein ... Wenn Wein der*

Hügel gibt – – Mensch-Mensch, Benn, du sollst heut' nicht dichten, sondern partout den Herrgott einen guten Mann sein lassen. Verflucht, ich, der *»götterlose Rauschtyp«*, rede vom Herrgotten! Werd' wohl einen kleinen Auslauf machen, frische Luft schnappen. Albert, zahlen!

Prima Wetter draußen. *Die Lippe voll Weingeruch* will ich ein bißl durch die Stadt flanieren. Lebhafter Verkehr. *Durch die City fahren Bierwagen* – die große Symbiose von Verkehr und Destille, ähähä: Synthese der Kraftstoffe. Mensch, geht der *Bierfahrer* in die Kurve! Vermutlich bereits knallvoll! Na ja, *Rauschwerte werden öffentlich genehmigt. Räusche und Gerichte.* Werden wohl mit den Führerscheinentzügen bald nicht mehr nachkommen ... *Blaue Stunde.* Wo willst du eigentlich hin, Gottfried? Reisen müßte man mal wieder. *Lido? Habana?* Oder gleich 'rüber nach Asien? Nixda, bei dieser Affenhitze *soll der Trinker nicht in die Gobi gehen!* Grauenhafte Vision ... äh bä ... könnte eigentlich mal wieder ins Kino, denn immerhin: *im Kino ist mehr Feuerwasser als auf dem Kothurn.* Hab aber keine Ahnung, wo was gespielt wird ... Heut' abend ins Theater? Goethe. Blöde Iphigenie! Shakespeare? Schon mehr Mumm drin. Klasse-Szene, im 5. Akt, *da trinkt der König Hamlet zu.* Scheiß-Abendgestaltung! Ich regredier' und reduzier' in dieser Beziehung immer mehr: *Ich erlebe vor allem Flaschen und gelegentlich etwas Funk ... Aus Fusel, Funk und Flaschen die Neunte Symphonie!* Kommt aber nicht an den Song der Möbelpacker 'ran. *Fürst Kraft ...*

Widerliche Hitze. Na eben! Wenn der Mensch *dürstet, wird ein Trank geschänkt.* Ehernes Gesetz. Urworte orphisch. Goddam! Schon wieder Goethe! Na ja, war auch ein wackerer Zecher – im Alter drei Flaschen Rotwein pro Tag. Hat sich's als Geheimrat leisten können. Aber unsere Proleten? *Was schlimm ist: bei Hitze ein Bier sehen, das man nicht bezahlen kann ... Das Ersehnte, den Rausch zu mis-*

sen ... wo der Krug verdorrt ... Brrr! Entsetzlich! Gut, Gotti, daß du Arzt geworden bist!

Ah, endlich im »Pizza-Peter«! Ein Dämmerschoppen. Ein Schöpperle. Mmh, sehr zickige Kellnerin! Kommt wohl aus Italien oder so. *Aus den Kelchen der Frau läßt es sich trinken.* Nee, Wally heißt sie. Auch recht. Einen Kognak noch drauf? Jawohl. A votre santé, Benn, du bist der Größte – wo andere in flacher Unbedeutenheit herumflegeln, *dienst du dem Gegenglück, dem Geist ...* ja, die Südländerinnen. Diese Formen! *Vie Méditerranée.* Unser Entwicklungsminister z. B., der hat's gut, der kommt was 'rum in der Welt. *Senoras aus so vielen Ländern haben ihm den Becher gereicht voll Pulque, Schnaps und Agaven, voll Feuerwasser und Wein,* genau, *die Welten sind Räusche,* exakt, Gottfried, du sagst es, *goldene Brände,* alles, Orient und Okzident, *im Weingeruch, im Rausch der Dinge ...*

Äh? Bin doch glatt bißi eingenickt. *Etwas getrunken, doch nicht trunken.* Tät' ein Lokalwechsel gut. Fräulein, zahlen! Blöde Kuh, komm schon 'rüber.

18 Uhr, Feierabend. Die arbeitende Bevölkerung genehmigt sich einen. Am Wasserhäuschen. Oder im »Mentz«. *Ordinäre Kneipe. Klebrige Tische, Ziehharmonika, Dauertrinker, Säcke unter den Augen.* Aber nette Leute, sieht man sofort – *und alle trinken!* Der Platz an der Theke. Von Mensch zu Mensch, Arbeiter und Dichter, das ist es, was wir heute brauchen. Die Antithetik. Einen Klaren, Herr Wirt, und ein Kännchen Kaffee dazu! Zack! *Im Trunk Verklärungssucht!* Da schau, Gottfried: *Verkrümmte Rücken, graue Mäuler, Falten anstößiger gedunsener Alten ... Ecce-homo-Schauer* – Scheiße, jetzt auch noch den alten Nietzsche, werde langsam einfältig, aber dann doch wieder diese Einheit von Arzt und Analytiker in mir: *Blutunterflossenes Fett von Fuselräuschen, gewandt für Korn zu prellen und zu täuschen ...* reimt sich sogar ... und sehr flott formuliert ...

Am Spielautomaten *lehnt eine flügelharte unsägliche Gestalt*. Dürfte auf die 90 zugehen. Wirft blind und automatisch Münzen ein. Völlig weg. Da siehst du, Gottfried, *wie diese Alten für ihr Leben zahlten*. Herr Wirt, einen Brandy!

Plötzlich sitzt ein Toter an der Theke – ehrlich, der Mann ist hinüber, soll ich als Arzt? – doch da! Der Tote richtet sich wieder hoch *und nun trinkt er lebhaft und gesund*. Phänomenal! *Hier trinkt der Westen!*

Bin ich eigentlich selber schon blau? Mal meine Wahrnehmungsfähigkeit kontrollieren. Also: *Es stehen Krüge, Tische*. Sehr gut – klappt noch. *Krüge, doch wie Urnen breit*. Farbsinn? *Der Trunkenen Schläfe rot*. Tadellos. Wirt! Wirt! Einen ... einen ... Grog! *Man muß den Wirt und Gott versöhnen*. Die neue Religion. Mensch, Übermensch, Wirt. Man muß *Feuerwasser in die Kehle gurgeln sub und supraatomar dem Rausch begegnet sein*. Sehr gut! Wenn einem der Wirt einen Krug hinknallt, *dann muß man ihn auch trinken*, alles klar. Ich: Gottfried Benn, Meister der Lyrik und der geschliffenen Aphoristik. *Am Anfang war die Flut*. Hier ist es schön und gut. *Tiefe Szene, wo sich die Seele tränkt in Trunkenheit und Ende ... Durch den Bart des trunkenen Silen aus seinem ewig überrauschten lauten einmaligen durchdröhnten Blut träuft Wein ...*

Wein. Jawohl, das ist es, *Weinhaus Wolf*. War schon lang nicht mehr dort. Also tschau, Gentlemen, *füllt euch die Gurgeln,* alles klar, Gottfried muß weiter.

Im Weinhaus Wolf sehr flotte Musik. *Das Cello trinkt rasch mal. Die Flöte rülpst tief drei Takte lang*. Es *sind zwölf Mann Kapelle und achtzehn Kellner da*. Fräulein, einen *Burgunder!* Etwas schwindelig ist mir schon. *Wein und Asche sinkt* aufs Tischtuch, *trunken zerebral* bin ich. Ja, nehmen Sie Platz. Ein Herr gesellt sich zu mir an den Tisch, sichtbar angeschlagen, *in den Strömen dieses Weins* wahrhaft rudernd! Sehr nett – kommt offenbar aus Süddeutschland. Freilich unfähig zu kompetentem Gespräch. Nennt mich permanent Luden, verwechselt mich wohl und plärrt andauernd nach der Kellnerin: *»Freibier für Luden!«* Sagenhaft stabiler Typus! Diese Giganten-Schlücke! *Da versinken die Denkprozesse, gehen unter in Alkohol und Nebulosem.* Aber wir bilden ein hübsches Pärchen: hier der Denker, dort die Flachpfeife. Menschlichkeit blüht auf, Freundschaft gar, *alles blüht im Verfließen dieses nächtigen Weins.* Jetzt hat mir der Saukopf doch tatsächlich einen Humpen Bier aufgeschwätzt, na denn Prost, jetzt rauscht alles durcheinander, und ich revanchier' mich wohl am qualifiziertesten mit einem doppelten Grappa – was ist denn jetzt? Jetzt steht er auf und umarmt mich leidenschaftlich, und so, in dieser Umarmung, *trank er den Schnaps* – und, jetzt seh' ich's erst, das Schild über der Eingangstür: *»Das Schöne preisen und frohe Gastlichkeit«.* That's it, it's marvellous! *Und wenn es dich zerbricht am Boden in den Räuschen . . .*

Stop! Haltung, Gotti! Ich möchte ins *Würzburger Hofbräu* retour, ad origines, wenn ich so sagen darf . . . den Kreis zu schließen . . . circulus vitio . . . dionysius complettus, hähä . . . Mein neuer Freund besteht darauf, mitzukommen – nix dagegen! *Feuchtigkeiten und ein lauter Rausch* empfangen uns: Der Herr vom Vormittag ist noch immer da – und wie! *Angelehnt an Trunk und Zigaretten,* um ihn geschart aber jetzt eine Mannschaft inkommensurabler miserabler Figuren, *die schon wie Leichen durch die Dinge ziehn* – außerdem zwei quietschfidele Studiker mit *Bierzipfel* – und alle machen einen Mordsradau – mächtig *drangen die Chöre des Rausches empor* – eine alte Vettel namens Käte ist auch dabei und zischt einen *Kornschnaps* nach dem andern – und jetzt: *Das Ende der Dinge: ein Branntweinschluckauf ultratief!* Toll! *Ein Hochhinauf wechselnder Residenzen, im Leihhaus tags und nachts* – garantiert,

Gotti! – *im Abflußrohr!* Der Kamerad vom Vormittag aber in Topform: Das ist nicht ein Rausch, der suhlt sich schon in *Räuschen aus Kraut, aus Säften, aus Wein – und blickt noch einmal seine Käte an und trinkt noch einmal einen Humpen Wein und schläft* jetzt offenbar ein – klappt aber nicht, denn »Polizeistunde!« plärrt der Wirt, und die ganze Bagage wackelt und fliegt nach draußen. Nur der Schlafende wollte nicht, wehrte sich, fiel schließlich durch die offene Tür aber doch auf die Straße, *da umarmte er zwei Droschkengäule, bis ihn sein Wirt nach Hause zog.* Wohnte auch gleich sehr praktisch gegenüber.

Auch mein neuer Freund ist im Zuge des Massenabgangs nach draußen gewirbelt. *»Halte mich, du, ich falle!«* hat er mir noch zugeschrien, ist aber dann zum Glück schnurstracks in ein Taxi gesegelt.

Und du, Gottfried? *Ich bin so trunken.* Aber ich hab ja hier sozusagen Hausrecht. Logierecht. Bleibe ich also im leeren Lokal hocken. *Berauscht und müde.* Sinnend. *Wer denkt noch Flasche, Glas und Rum?* Gottfried. Bedien' ich mich halt am Tresen selber. Der Wirt hat Vertrauen, hat mir eine Taschenlampe dagelassen, *da trinkt das Parzenlicht. Genug ist nicht genug.* Nehm' ich also den *Rast-ich-so-rost-ich-Zug. Hopp! Tiefer kein Glück als das des Rausches.* Hab ich heut' auch schon saftiger formu . . . dingsda. *Komm, o Glücksentfaltung. Bald ist die Lücke für die Trance da. Ich speie auf mein Denkzentrum.* Morgen, morgen vielleicht wird Herrmann . . . pardon: Gottfried Benn wieder dichten. Glashart. Morgen. Heute aber will Gottfried fidel sein. Prosit, Benn, alte Nudel. Bzw. Nuß. *Noch zwei gesunde Schnäpse trinken, kalte klare Köhm, das Bier heben, soliden Blicks, schaumgeboren – reiner Abendausklang.*

* *Sämtliche kursiv gesetzten Texte sind Zitate aus Gottfried Benns lyrischem Werk (Limes-Verlag 1960).*

WELT, KOPF, BLOCH U. A.

Ein literarisches Quiz

Für einen Glückwunschartikel zum 250. Geburtstag von Immanuel Kant in der Süddeutschen Zeitung wählte der Autor Jean Améry die Überschrift »Die Welt im Kopf«. Dies ist gleichzeitig die Kapitelüberschrift des Romans »Die Blendung« von Elias Canetti, der seinerseits ein Kafka-Buch »Der andere Prozeß« schrieb, nämlich über Kafkas Briefe an Felice Bauer, und dort heißt es seitens Kafkas auf S. 407: »Diese Welt im Kopf«. Kafka liebte aber nach Felice eine gewisse Grete Bloch, und hier verzweigt sich dann die Spur: Einerseits haben wir den alten Prof. Ernst Bloch, andererseits den Tormann Josef Bloch aus Handkes »Die Angst des Tormanns«, und schließlich taucht auch in Wolfgang Hildesheimers Roman »Tynset« ein Herr Bloch auf, »der einzige Mensch, den ich je gekannt habe, der sich buchstäblich sein Grab selbst schaufelte« (S. 63) – und diese Schnapsidee führt ja nun schnurstracks zurück zu Kafkas Erzählung »Ein Traum«.

Frage: Wenn die Welt im Kopf ist, hat dann Thomas Bernhard recht, wenn er schreibt: »Alles ist immer in allen Köpfen« (Verstörung, S. 139)? Wenn sich Jean Améry mit »Jean« schreibt, sollte sich Carl Amery nicht was schämen? Wenn Carl Amery eigentlich Christian Mayer heißt, wieso hat dann nicht Hans Mayer gleich selber den Geburtstagsartikel geschrieben? Der schreibt doch sonst auch jeden Scheiß! Und was ist eigentlich mit Hermann Broch los? Wenn »Tynset«, wie Hildesheimer behauptet, gleich »Hamlet« ist (S. 155), warum dann nicht auch Bazon Brock? Wer schrieb Hölderlins Hymne »Max Brod und Wein«? Weinheber? Wenn bei Georg Büchner (Danton, 1. Akt) steht: »Wir müßten uns die Schädeldecken aufbrechen und die Gedanken einander aus den Hirnfasern zerren«, bleibt dann a) die Welt im Kopf und hat b) Bernhard den Büchnerpreis zu Recht gekriegt? Wenn – siehe Kafkas »Prozeß« – »Franz« = »Josef« ist, warum dann nicht gleich Strauß, der Unbeschreibliche?

Fragen über Probieren geht über Studieren. Wir fordern deshalb: Schluß mit der literarischen Cliquenwirtschaft!

DER HERR DR. DREGGER

Annäherung an einen aktuellen Kameraden im Jahr 1972

Der Herr Dregger ist jetzt 53 Jahre alt, und vielleicht wird er einmal der Kanzler. Obwohl er einen so ungünstigen Namen hat. Aber wir richten uns nicht nach dem Namen, sondern nach dem Sachprogramm. Der Adenauer war auch ein Dr. und der Kiesinger auch. Der Erhard war sogar ein Professor, aber das war schon fast übertrieben für so einen Johnny. Aber ein Dr. möcht es schon sein. Alle Voraussetzungen stimmen für Herrn Dr. Dregger.

*

Auch der Kopf paßt gut, überzeugend der Umriß, das Panorama. Landtagswahl 1970: Schon steht Dr. Dregger für die Übernahme der Verantwortung bereit. »Wir kommen!« ruft Dr. Dregger auf der Bildersäule. Der Kopf rennt auch mit auf die Kamera zu. Ein kunterbuntes Bild wird geknipst. Der Bürger kann es optimal anschauen.

*

Gut, früher war das mehr eine verschlafene Partei. Aber jetzt kann man sie wieder wählen. Die Dynamik, die Exzellenz der Köpfe steigt.

*

»Diese Frage stellt sich im Augenblick nicht«, sagt Dr. Dregger. Das hat er von seinem Freund Franz Josef gelernt. Es meint: »Fresse halten!« Inzwischen bringt es Dr. Dregger schon besser als der verehrte Freund und Lehrer. »Diese Frage stellt sich im Augenblick nicht!« »Diesfrastellsimaunblinicht!«

Schon im Jahr 1971 war dem Herrn Dr. Dregger ein schöner Erfolg beschieden. In Düsseldorf bekam er auf Anhieb Beifall. Die Delegierten merkten rasch, daß der Herr Dr. Dregger ein Mann ist, der sich gut eignet für die anstehenden Aufgaben über die Stadt- und Landesgrenzen hinaus. Tadellos redete der neue Mensch am Horizont auf sie ein. Wir haben also doch noch gute, ja vorzügliche Leute in unseren Reihen. Wer hätte das gedacht.

*

Manche meinen, der Herr Dr. Dregger hätte besser Golftrainer, Kraftfahrzeugversicherungsaußenstellenleiter oder Chefconférencier werden sollen. Das stimmt nicht. Auch in der Politik ist heute Dynamik schon am Kinn willkommen. Schaurig rühren sich die Bäume, was will dieses Graun bedeuten?

*

Herr Dr. Dregger! Herr Dr. Dregger! Hören Sie? Eine Frage, Herr Dr. Dregger! Wer kann denn bitteschön in Deutschland den Sozialismus stoppen? – – – Wie? – – – So. Ah ja. Danke, Herr Dr. Dregger. Viel Erfolg auch weiterhin!

*

Fünfzig Jahre! Hälfte des Lebens. Die gelben Birnen hängen. Aber noch immer kein beschauliches Rückbesinnen auf Geleistetes in Fulda und anderswo. Denn jetzt wird ein Staatsmann gebraucht, der die historischen Dimensionen hat.
Dr. Adenauer, Prof. Erhard, Dr. Kiesinger, Willy Brandt, Helmut Schmidt, Dr. Dregger. Dr. Alfred Dregger. Und es schweifen leise Schauer wetterleuchtend durch die Brust.

Nah ist, doch schwer zu fassen Herr Dr. Dregger. An wen mag er uns doch erinnern? Kennedy, Chamberlain? Nasser? Jack Lemmon? Neinnein, der Tschibo-Experte sieht ganz anders aus, mehr wie Dr. Mende. Dr. Mende? Nein, der ist auch wieder anders, der hat mehr den Nassauerischen drauf, den Musikalischen, diesen da. Mister L.? Frank S. Thorn, Frankieboy? Wir wissen letztlich sehr wenig über Dr. Dregger.

*

Wie war das eigentlich früher mit dem Präsidium im Städtetag? Alle Aufgaben ordentlich erledigt? Wie? Ach, Sie meinen, das geht immer kontinuierlich so weiter. Warum haben Sie eigentlich einen grünen Trachtenrock an, Herr Dr. Dregger? Neinnein, ist gar nicht wahr, war nur Spaß, nix für ungut.

*

Herr Dr. Dregger, unseres Wissens haben Sie zur gelben Gefahr und zur überall heraufkommenden Sodomie mit ihren kaum überschaubaren Problemkreisen noch nicht öffentlich und in Ihrer Eigenschaft Stellung genommen. Also schnell, damit auch das erledigt ist.

*

Blendend der Geist, neckisch der Körper sei. Makellos aber vor allem sitzt die mausgraue Weste. Der Selbstbinder drückt Sportsgeist aus. Grüß dich, Deutschland, aus Herzensgrund!

*

Herr Vorsitzender, Sie haben bei den letzten hessischen Wahlen um 13,3 Prozent zugenommen! 39,7 weniger 26,4 sind 13,3, genau. Herr Vorsitzender, heißt das nicht, daß man Vertrauen zu Ihnen gefaßt hat? Zu Ihrer Mannschaft, aber doch wohl vor allem und letztendlich zu Ihnen? Neinnein, keine falsche Bescheidenheit, zu Ihnen in allererster Linie! Wie erklären Sie sich das, bitteschön? Danke. Danke, das genügt. Ein Bier für den Herrn! Wie? Ach so. Also, dann einen trockenen Sherry für den Herrn.

*

Ich verstehe. Keine hessische CSU. Aber Gemeinsamkeit zu jeder Zeit. Auch nicht? Also dann eben nur gleichlautende Ansätze. Die Basis mit Franz Josef ist gut. Vielleicht eine lustige Freundesgruppe im Wirtshaus im Spessart? Nein? Nur die innere Konsistenz? Wie? Konvergenz? Ein sublimer Dialektiker, der Herr Dr. Dregger, kein Vergleich mit den doch wohl eher geraden Gedankenbahnen Dr. Adenauers. Eine Partei im Wandel der Zeit.

*

Oft wurde Herr Dr. Dregger in einem Atemzuge genannt mit Dr. Barzel. Dazu Dr. Dregger (im ›Spiegel‹) schlagartig: »Ich habe nichts gegen diesen Vergleich. Dr. Barzel und ich stehen auf einem gemeinsamen Fundament, den politischen Programmsätzen der Partei.« Und der Tradition der Partei, der Tradition, Herr Dr. Dregger, auf welche ich Grund habe mit Genugtuung zurückzublicken. Ein wunderbarer Akkusativ cum Infinitesimal! Inzwischen ist allerdings Herr Dr. Barzel wieder weg vom Fenster.

*

Wir schreiben das Jahr 1972. Mutig betritt Herr Dr. Dregger die Rampe, die Universität Frankfurt, die dem Andenken Johann Wolfang Goethes verpflichtet ist, dessen humanistisch-evolutionärem Denken Dr. Dregger sich gleichfalls verantwortet weiß. Polizeistaffeln geben Dr. Dregger das Geleit durch pervertierte Minderheiten anarchisch bolschewistischer Schweine, die Dr. Dregger mit Eiern und Gemüse bewerfen. Geschickt doch duckt sich Dr. Dregger. Das Fernseh filmt seinen Mut und seine Dynamik. Stellvertretend für 44 Millionen Fernsehteilnehmer hat Dr. Dregger sich vorgewagt, bravo. Der Fernsehteilnehmer aber verläßt heute abend den Fernsehsitz nicht mehr, die Gattin reicht ein Bier und eine Schachtel Chio-Chips herein. Viel Spaß!

*

Was Dr. Dregger sagt, hat »geistig offensiven« Charakter, »nicht militärisch, selbstverständlich«. Dieser Mann nähert sich den Problemen der Jetztzeit aufopferungsbereit und schonungslos. Nicht kennt er Scheuklappen. Illusionen hat er überhaupt keine, Fiktionen lehnt er scharf ab. Aber Hoffnungen akzeptiert er. Insofern deckt er sich auch mit der neuen Philosophie. Vor allem mit Bloch. Weniger mit Sartre. Der sitzt im Kaffeehaus, raucht 60 Zigaretten hintereinander und hat keine Hoffnung. Nur Utopien, die lehnt Dr. Dregger allerdings verschärft ab. Da kann er sogar leidenschaftlich werden. Seit wann weiß Dr. Dregger, daß man Utopien im Gegensatz zu den Hoffnungen ablehnen muß? Seit dem Gymnasium? Wer hat es ihm gesagt? Schnell hat Dr. Dregger auch mitgekriegt, daß man mit dem Osten hart verhandeln muß. Heute sagt er es schon fließend und in aller Öffentlichkeit. Mein Herz ist klar und rein. Bestehendes wird gut gedeutet.

Wieder beobachten wir die rasche Auffassungsgabe von Herrn Dr. Dregger.

*

». . . geht es um die Bewahrung der Prinzipien dieser Ordnung und um die Erneuerung ihrer Formen, um die Anpassung an sich wandelnde Verhältnisse und um ihre Fortentwicklung zur besseren Verwirklichung der ihr innewohnenden Grundprinzipien . . . in dem Gewähren eines Freiheitsraumes für den einzelnen und die Gruppen und Anerkenntnis der Eigenständigkeit . . .«

Triffst du nur das Zauberwort.

*

Gar nichts wissen will der Dr. Dregger von sogenanntem Konsumterror und ähnlichem Unsinn. Da frägt er schon lieber umgekehrt und zurück, ob es etwa gut ist, wenn es den Arbeitern wieder schlechter geht. Eine einleuchtende Alternative. Die Gedanken sind frei.

*

Es geht heute und jetzt um die Auseinandersetzung zwischen Freiheit und Sozialismus. Mit anderen Worten zwischen freiheitlichen und rückschrittlichen Kräften. Als einer der ersten hat Dr. Dregger es klar erkannt und unumwunden bekanntgegeben. Leider hört man ihm noch nicht überall aufmerksam genug zu. Manches geht in Nacht verloren.

*

Individuell-freiheitliche Lebensformen anstelle kollektiver. Hat Dr. Dregger neulich im Haus von Herrn Bethmann gefordert. Nachher hat er seinen Freund Dubček gelobt. Und der Herr Bethmann? Hat der mit dem Kopf genickt?

*

»Die freiheitlichen Kräfte sind in die Defensive geraten.

Ich hoffe auf Ihre Unterstützung. Ich bin sicher, daß es Gruppen in unserer Gesellschaft geben wird, die geeignete Einrichtungen in landschaftlich reizvoller Umgebung anbieten.«

*

Sattelfest die Haare sitzen. Aber wie wär's mit einem niedlichen Afro-Look, Herr Dr.? Damit auch die Jugend anspringt? Äh?

*

Sicher, in Fulda und in Wiesbaden hat der Dr. Dregger stets einen ausgezeichneten Eindruck hinterlassen. Atemberaubend, zauberhaft und sachlich gut. Aber wird das auch später für Bonn reichen, für die großen Aufmärsche im In- und Ausland? Wird Dr. Dregger dem Schah gewachsen sein, wird er bei den Witzen des Kongonegers locker genug lachen, wird er auch bei Fahrten nach Amerika zufriedenstellen? Wird er der Gattin Pat des Präsidenten zügig die Hand küssen, wird er nicht, im Übereifer und hingerissen von der Macht der Schönheit, allzu lange und gierig drauf herumschlecken?
Wieder werden wir auf die Hoffnung verwiesen, auf jene freiheitlich-dynamische Zuversicht, von der schon vorhin so offensiv die Rede war.

*

Also, wie läuft das nun? Zuerst den hessischen Ministerpräsidenten machen, dann in Bonn ein klassisches Ministerium, endlich die Kanzlerschaft? Und abschließend den letzten Tango von Oberursel?

*

Noch was, Herr Dr. Dregger? Vielleicht dies, daß die

europäische Integration den gesamtolympischen Gedanken vorwärtstreibt? Ja? Dochdoch, können Sie jederzeit sagen. Stimmt sogar.

*

»... lassen Experimente mit Kinderläden, Agitation in der Bundeswehr, sozialistische Zellen in Justiz, Lehrerschaft und Kirche aufhorchen.« Ach ja. Sie täte mal net rede, sondern aufhorsche? Wär das schön! Da wär's auf einmal still.

MARIANNE ZIEREIS AUS HILTENBACH, ERLEBTE PERSÖNLICHE PAPST-AUDIENZ

Ein Bericht von Zisler Alois

Es ist fast unglaublich und dennoch ist es Wirklichkeit gewesen, es ist einfach nicht mehr wegzuleugnen, auch wenn es einem vorkommt, wie aus einem Traum erwacht, die 21jährige Marianne Ziereis aus Hiltenbach im Landkreis Neunburg v. Wald, erlebte bei der diesjährigen Oster-Rom-Pilgerfahrt die persönliche Audienz mit dem heiligen Vater. Wohl selten ein so hohes Maß an Glück, wie es Marianne Ziereis mit ihren erst 21 Jahren schon erleben durfte. Uns interessierte die Angelegenheit und das einmalige Erlebnis so sehr, daß wir versucht haben, Marianne Ziereis zu erreichen um einen Überblick über das Geschehnis zu berichten und geben zunächst ein kurzes Lebensbild von Marianne Ziereis.

Marianne Ziereis ist als Tochter der Bauers und Bürgermeisters-Eheleute Ziereis in Hiltenbach geboren, verbrachte dort inmitten ihrer weiteren 4 Geschwister ihre Kindheit. Sie besuchte die einklassige Volksschule in Altetsried, wo die Marianne damals schon Herrn Oberlehrer Pfaffenberger wegen ihrer überdurchschnittlichen guten Leistungen immer angenehm aufgefallen sei. Als dann die Mittelschule in Neunburg v. Wald ihre Pforten geöffnet hatte, war Marianne Z. dabei und hat sich die mittlere Reife an der Schule erworben. Anschliesend folgte 1 Jahr höhere Fachschule für Hauswirtschaft in Triesdorf sowie ein weiteres Jahr Praktikum in einem landw. Lehrbetrieb in Röhrmoß bei Dachau. Glückliche Umstände trugen mit bei, daß Sie dann anschliesend bei der Diözese Regensburg als Landjugend-Referentin also als Angestellte beim bischöfl. Jugendamt in Regensburg gewonnen werden konnte. In ihrem Büro im bischöfl. Jugendamt in Regensburg hat unser Berichterstatter Marianne Ziereis erstmals nach der Papst Audienz fernmündlich gesprochen und haben sie gebeten uns ein Interview zu geben über die gesamte Romfahrt und ihrer Vorkommnisse. Es wurde ein Termin vereinbart und so konnte sich unser Berichterstatter persönlich in einem längeres Gespräch mit Marianne Ziereis unterhalten.

Zunächst muß aber ausdrücklich festgestellt werden, daß Marianne Ziereis ungerne von sich reden wollte und Sie wollte dabei Ihren Namen deswegen nicht hochgespielt haben und wollte das erlebte nicht aufbauschen. Verständlich, denn wer Marianne Ziereis in Ihrer Bescheidenheit kennt, der versteht, daß Sie nicht in den Mittelpunkt gestellt werden wollte. Aber dennoch die Angelegenheit ist so hochgradig und das Erlebnis so einmalig daß wir die Eindrücke von Marianne Ziereis doch an unsere geschätzten Leser weitergeben müssen, wenn es auch ein wenig gegen den Willen von Marianne Ziereis geht. Zunächst aber dürfen wir Marianne Ziereis, zu dieser Ehrfurchtsvollen Begegnung mit dem heiligen Vater in persönl. Audienz herzlichst beglückwünschen. Beglückwünschen müssen wir aber auch Ihre Eltern, die ein Kind erzogen haben welches die Gnade hatte dem hl. Vater in Audienz vorgestellt zu werden. Auf die Frage ob Marianne Ziereis sich in Ihrem jetzigen Beruf als Landjugendreferentin wohl fühle, erfuhren wir, daß dieser Beruf Sie vollauf befriedige. Sie ist sehr viel selbständig und ist die Diözesan-Leitung Ihr Auftraggeber, doch Ihr erster Vorgesetzter ist der Herr Jugendpfarrer Werner. Sie besucht fortlaufend sehr viele Landjugendgruppen, Kreisveranstaltungen und Konferenzen. Bei der Organisation der diesjährigen Romfahrt hat sie ebenfalls mitgewirkt. Über das bayer. Pilgerbüro München hatte die Gesamt-Leitung der diesjährigen Oster-Romfahrt Herr Jugendpfarrer Werner. An der diesjährigen Oster-Romfahrt nahmen insgesamt 700 Personen aller Altersgruppen bei. Am Ostermontag um 14 Uhr wurde in Regensburg mit der Fahrt aufgebrochen. In Assissi wurde ein Gottesdienst besucht und eine Stadtbesichtigung eingenommen. Am Osterdienstag gegen 20 Uhr war man dann in der ewigen Stadt Rom angelangt. Es wurden die Quartiere aufgesucht, die auf 20 Unterkunftsstellen in Klöstern usw. verteilt waren. Am Mittwoch früh war dann von 10–11 Uhr die turnusmäßige Marien-Audienz allgemein für die Pilger beim hl. Vater. Hier wurde der hl. Vater hereingetragen in die Kirche. Es erfolgte dann vom hl. Vater die allgemeine Begrüssung, in italienischer Sprache, die aber sofort in allen anderen erforderlichen Sprachen auch in Deutsch übersetzt wurde und dann anschliesend an diese Marien-Audienz mit dem hl. Vater, erfolgte schliesslich der Höhepunkt der Romfahrt, nämlich die wirkliche Persönliche Audienz beim hl. Vater Papst Paul. Hier also hat der hl. Vater die Verantwortlichen aus der Pilgergruppe Regensburg empfangen. Daß bei diesem Augenblick das Herz der blutjungen Marianne Ziereis aus Hiltenbach höher als sonst geschlagen hat, das versteht sich wohl von selbst. Man müßte ja eigentlich gar kein Herz in der Brust haben, sollte es bei einer solchen persönlichen Begegnung mit dem ersten Stellvertreter Christi auf Erden, nicht zu einem kleinen »Herzklopfen« kommen. Bei der persönlichen Audienz mit dem hl. Vater wurden von Exz. Weihbischof Flügel aus Regensburg dem hl. Vater vorgestellt: Pfarrer Frischholz, Diözesan-Seelsorger für Pflegeberufe, Marianne Ziereis Landjugendreferentin und Schwester Gabriele von den Ursolinen aus Straubing. Mit Verneigung und Ring-Kuss begrüßte auch

Marianne Ziereis den hl. Vater, während zuvor Sie einen kleinen weißen Schleier über das Haar gelegt hatte. Weibliche Teilnehmer einer persönl. Papst Audienz haben nämlich diesen weißen Schleier zu tragen. Über Exzell. Weihbischof Flügel wurden die Grüsse aus der Diözese Regensburg und die besonderen Grüsse des Exz. H. H. Bischof Graber übermittelt. Papst Paul hat sich bei dieser persönlichen Audienz mit diesen 4 Personen die in Papst-Audienz vorgelassen wurden, in sehr guter deutscher Sprache unterhalten. Marianne Ziereis wurde dabei in großes Staunen versetzt. Der hl. Vater hat sich sehr gut mit der »Regensburger Gruppe« unterhalten. Er wies vorallem auf die österliche Freude hin, über die Freude des Auferstandenen, mahnte unbedingt daß mehr gebetet werden soll, denn das Gebet so so sagte der hl. Vater wörtlich, ist heute notwendiger als denn je und grüssen sie mir die ganze Diözese Regensburg. Weihbischof Exz. Flügel hatte die Geschenke der Diözese überreicht, nämlich Schallplatten mit Aufnahmen der Regensburger Domspatzen und ein Buch, dessen Herausgeber Exz. H. H. Bischof Dr. Rudolf Graber ist. Papst Paul sagte auch, er weiß schon daß in Regensburg ein sehr guter Dom-Chor ist. An H. H. Exz. Bischof Graber hat der Papst besondere Grüsse ausrichten lassen.

Unumwunden gibt Marianne Ziereis zu, daß diese persönliche Papst begegnung schon einen sehr nachhaltigen Eindruck hinterlassen habe, den Sie wohl in Ihrem Leben nicht wieder vergessen könne. Der hl. Vater selbst habe auf Marianne Ziereis einen ernsten Eindruck gemacht. Exz. Weihbischof Flügel Regensburg äußerte, daß der Papst gut ausgesehen habe.

Vom hl. Vater erhielt dann die Gruppe den päpstlichen Segen, dem selbstverständlich alle Anliegen eingeschlossen wurden.

In Rom wurden dann noch an den folgenden Tagen alle Sehenswürdigkeiten besichtigt, eh wir dann, so sagte Marianne Ziereis am Samstag um 21.30 Uhr Rom wieder verlassen haben und die Heimreise antraten. Die Rückfahrt erfolgte über Brixen, wo wir dem Gottesdienst beiwohnten und am Sonntag gegen 17.30 Uhr waren wieder in Regensburg. Der Alltag geht nun wieder weiter sagte uns Frl. Marianne Ziereis. Der genaue Verantwortungskreis Arbeitskreis von Marianne Ziereis ist eigentlich die Ausbildung und fortlaufende Schulung der Jugendleiter bzw. der Verantwortlichen wie es heute heißt. Das Arbeitsprogramm von Marianne Ziereis ist sehr umfangreich aber auch recht vielseitig. Ein kleiner Einblick in Ihren Terminkalender sagte uns, daß schon wieder große Fahrten in der Planung sind so vom 29. 4. 70–3. 5. 70 findet die Landesversammlung der KLJB in Pfünz bei Eichstätt statt, ferner eine Fahrt vom 18. 5.–24. 5. 70 über Bonn, dort Besichtigung des Bundeshauses usw. nach Klausendorf zur deutschen Landjugend Akademie Bundesstelle und zu Gruppenbegegnungen nach Holland. Auch eine Fahrt nach Lourdes ist in Vorbereitung und sofern Marianne Ziereis bei solchen Fahrten mit bei der Partie ist, so ist Sie als Vertreterin des bischöfl. Jugendamtes Regensburg in der Runde. So bleibt uns heute eigentlich nur mehr zu wünschen übrig, Marianne Ziereis für ihre verantwortungsvolle Tätigkeit viel Glück und Erfolg zu entbieten. Der Landkreis Neunburg, das Dekanat Neunburg und die Diözese Regensburg sind sehr glücklich, daß die junge Landjugendreferentin Marianne Ziereis in Papst-Audienz war. Für den Landkreis ist es eine besondere Ehre daß Ziereis Marianne eine Papst-Audienz erleben durfte. Und wenn Marianne Ziereis wieder auf großer Pilgerfahrt einmal ist, so ist nur zu wünschen daß Sie auch die vielen Sorgen und

Anliegen unserer geschätzten Leser und der gesamten Landkreisbevölkerung mitnimmt, denn Ihre eigenen Sorgen und Anliegen, die man mit 21 Jahren hat, die kann Sie ja sicher in einer kleinen Handtasche oder in einer Schurztasche unterbringen, nicht aber das Bündel Sorgen und Anliegen unserer vielen Leser, die dieses Erlebnis von Marianne Ziereis aber mit sehr großem Interesse verfolgten.

DER VERLUST DES MIT

Zur Krise der modernen Literatur

Die Krise der modernen Literatur, wie wir sie seit 50 Jahren, wenn nicht noch länger, haben, gründet primär, so vielschichtig und hochdifferenziert ihre Ursachen und zentralen Motive auch im übrigen sein mögen, Motive, die wir hier kaum tangieren, noch viel weniger in den Kausalnexus hinein berücksichtigen können, in einem tiefkomplexen Syndromzusammenhang, den wir, ungeachtet hämisch-ignoranter Ridikülisierung, sei's traditionell bürgerlich-akademischer, sei's marxistisch-leninistischer Provenienz, uns nicht scheuen, in direkter struktureller Korrespondenz mit der Arbeit des Kunsthistorikers Hans Sedlmayr (»Der Verlust der Mitte«, Salzburg 1948) als den Verlust des Mit zu benennen, jawohl.

Betrachten wir nämlich sine ira et studio das weitgefächerte Spektrum und das gestaltenreiche Panorama zeitgenössischer Literatur oder, sei's drum, Poesie, so springt uns auf der einen Seite eine monströse, nachgerade kontingente Komplexität, auf der anderen aber doch vor allem eins ins Auge: die wenigen mit und die vielen ohne in den Werken der Schriftsteller oder, wenn man so will, Dichter:

»Eine Frau ohne Bedeutung« von Oscar Wilde (1894); »Die Frau ohne Schatten« von Hugo von Hofmannsthal (1919); »Volk ohne Raum« von Hans Grimm (1926); »Bohème ohne Mimi« von Joachim Maaß (1930); »Der Mann ohne Eigenschaften« von Robert Musil (1930); »Der Reisende ohne Gepäck« von Jean Anouilh (1936); »Jugend ohne Gott« von Ödön von Horvath (1938); »Tote ohne Begräbnis« von Jean-Paul Sartre (1947); »Fluß ohne Ufer« von Hans Henny Jahnn (1948); »Missa sine nomine« von Ernst Wiechert (1949); »Haus ohne Hüter« von Heinrich Böll (1954); »Herein ohne anzuklopfen« von Ernst Kreuder (1954); »Mörder ohne Bezahlung« von Eugène Ionesco (1957); »Spiel ohne Worte« von Samuel Beckett (1957); »Florenz ohne Sonne« von Karlheinz Deschner (1958); »Texte ohne Komma« von Helmut Heissenbüttel (1960); »Uhr ohne Zeiger« von Carson McCullers (1961); »Griechenland ohne Säulen« von Johannes Gaitanides (1967); »Liebe ohne Reue« von Beate Uhse (1968); » Ohne Leitbild« von Theodor W. Adorno (1969); »Eine Zeit ohne Wörter« von Jürgen Becker (1971).

Also, wenn das kein Beweis ist! Furchtbar! Was aber lernen wir daraus? Nun, heute geht es darum, aus dieser trostlosen Geworfenheit des existentialistischen Nihilismus und der solipsistischen Gottferne nicht zum wenigsten materialistischer Prägung zu einem gesunden Mit zurückzufinden, dahin, wohin wir alle von Haus auf gehören. Das viele Ohne der Dichter und letztlich uns aller muß einfach wieder aufhören – zugunsten eines Anderen, Integrierenderen, Substantielleren, Substantiierteren, eben jenes Mit, das ja auch bis zur Jahrhundertwende im allgemeinen sehr gut funktioniert hat. Ob das auch wahr ist? Na bitte, werfen wir einen Blick in die Geschichte, in jene gute alte Zeit, als das Martin Bubersche Miteinander noch nicht von Herbert Marcuses notorisch-kategorischem »Ohne«-mich-Standpunkt ausgetrixt war. Man nennt's, sophistisch pharisäisch genug, die »große Weigerung«. . .

Nun also, bis zum Ausklang des übrigens hochinteressanten 19. Jahrhunderts war das human-einheitliche Postulat des Mit noch ziemlich abgesichert. »Das Haus mit den sieben Giebeln« beschrieb der amerikanische Meistererzähler Nathaniel Hawthorne atemberaubend 1851. »Mit Feuer und Schwert«, so nannte sich großartig eine viel zu wenig beachtete polnische historische Trilogie aus dem Jahr 1882. Und noch 1891 beendet Anton Tschechow sieghaft seine Klasse-Novelle »Die Dame mit dem Hündchen«. Man muß sich das nämlich einmal vorstellen, wie bescheuert die Dame ohne das Hündchen am russischen Schwarzmeerstrand ausgeschaut hätte. Da wäre sicher niemals ein Gänger vorstellig geworden. Lächerlich!

Und noch früher, da hatte das blöde Ohne überhaupt keine Chance. Denken wir an Lessings unvergeßlichen Aufsatz »Ein Vademecum für Herrn Samuel Lange« (1778). Oder an Clemens Brentanos reizende Erzählung »Die Schachtel mit der Friedens(sic!)puppe« von 1815. An Johann Peter Hebels putzige Schnurren »Gleiches mit Gleichem« und »Fürchterlicher Kampf eines Menschen mit dem Wolf« von 1811. Oder an Johann Nestroys Spitzen-Schicksalsdrama »Der alte Mann mit der jungen Frau« von 1849. Alt und jung, jawohl, so soll es sein.

Und dann natürlich erst recht Goethe! »Götz von Berlichingen mit der eisernen Hand« dichtete er schon 1773 und gleich darauf die »Mitschuldigen« – richtig, auch die Schuld soll man miteinander teilen! Und dann immer wieder:

»Den, der doppelt elend ist
Doppelt mit Erquickung stillest«
(Wanderers Nachtlied).

Oder:

»Füllest wieder Busch und Tal
Still mit Nebelglanz« (An den Mond).

»Wieder« – »und« – »mit« – das war eben noch Einheit, da rauschte die Lyrik noch, da stand der Reichsgründung von 1871 praktisch nichts mehr im Wege! Und man überlege einmal, wie sinnlos das herrliche Mignon-Gedicht wäre, wo sie, das Mädel, nach Italien will, wenn es statt »mit« plötzlich »ohne« hieße:

»Dahin, Dahin!
Möcht ich mit dir,
O mein Beschützer ziehn!«

»Ohne« den Beschützer nach Italien! Was da alles passieren kann! Ich sage nur: Papagalli! Aber so reden sie heute daher, die antiautoritären Krüppel, jawohl!

Noch dicker kommt das Mit bei Friedrich Hölderlin, auch er ein Freund der Mittelmeerkultur und ihres Bannkreises:

»Mit gelben Birnen hänget
Und voll mit wilden Rosen
Das Land in den See«
(Hälfte des Lebens).

Bärenstark auch schon Martin Luther, der hochbegabte Mann aus Mitteldeutschland:

»Mitten wir im Leben sind
Mit dem Tod umfangen.«

Und denken wir auch an Paul Gerhardts brillante Polemik wider den Ohne-mich-Standpunkt:

»O Haupt voll Blut und Wunden
Voll Schmerz und voller Hohn.«

Sicherlich, das hat mit dem Mit nicht mehr allzu viel zu tun. Aber es war eben nicht nur eine mitreißende, mitfühlende, mitlachende und mitleidende Zeit, sondern auch eine randvolle, lebensvolle, prallvolle. Doch immer wieder siegt das Mit. »Mit deinen blauen Augen«, sang hingegossen Heinrich Heine noch 1844, »siehst du mich lieblich an.« Den »Kampf mit dem Drachen« beschrieb Friedrich Schiller, übrigens exakt im Jahr 1800. Eduard Mörike, der gerechte Mann, läßt gleich 25 seiner Gedichte mit Mit anfangen – nur eins aber mit Ohne: »Ohne einiges Bedenken. . .« Was aber spüren wir hier sogleich? »Ohne« und »Bedenken«! Ist's nicht eine doppelte Verneinung? Also letztlich sogar eine besonders bedenkenlose Bejahung? Das Lebensbe-j a-hende aber ist es ja gerade, das uns bei der dortmaligen Dichtung immer so begeistert und heute wieder so nottun tät!

Damals paßte eben alles zusammen. Hermann und Dorothea, Krieg und Frieden, Soll und Haben, Pilzer und Pelzer, Schluck und Jau, Pole und Poppenspäler... Die Scheiße begann wahrscheinlich mit der bitteren Erfahrung des Ersten Weltkriegs. Während Robert Musil z. B. noch vor dessen Ausbruch von »Vereinigungen« und gar »Drei Frauen« (!) schwärmt, war der Mann kurz darauf plötzlich »ohne«. Sichtbar wird die Scheidegrenze mit Hans Arps Anthologie »Wörter mit und ohne Anker«. Daß diese erst 1957 erscheint – ist's nicht wie ein Denkmal der Scham? Der Scham über die eigene Ambiguität...

Immerhin hielten auch nach dem Ersten Krieg und in den folgenden schweren Jahren einige unserer Besten dem Mit die Treue – und bemerkenswert genug sind es lauter ausgezeichnete Christen. Elisabeth Langgässer schreibt 1935 die wunderbare Erzählung »Mithras«, Rudolf Alexander Schröder (1930) und Luise Rinser (1950) kommen völlig unabhängig voneinander auf die blendende Idee, die »Mitte des Lebens« wieder in ihre Rechte einzusetzen. Der gutkatholische Manfred Hausmann feiert 1930 die Symbiose von »Abel mit der Mundharmonika«, und dem noch besser katholischen Alois Maria Lippl gelingt 1938, unabhängig vom schon wieder drohenden Krieg, mit dem »Engel mit dem Saitenspiel« ein ziemlich großer Wurf. Man sieht: Mit Musik geht alles besser.

Und dem Mit natürlich. Sogar der atheistische Henry Montherlant hat 1936 einiges Einsehen und entschließt sich zu einem (allerdings unverdienten) »Erbarmen mit den Frauen« ...

Und heute? Nun, wir haben unseren Mitscherlich, wir haben Arno Schmidts »Seelenlandschaft mit Pocahontas« und auch die 1906 geborene österreichische Lyrikerin Erika Mitterer berechtigt zu den schönsten Hoffnungen. Aber sonst? Gerade die sogenannte »Neue Linke« ist aufgerufen! Sicher sähe der alte Horkheimer einen Buchtitel »Dialektik mit Andacht« nicht ungern. Und während Franz Josef Degenhardt noch immer sturheil seine Isolationsfolter betreibt – »Spiel nicht mit den Schmuddelkindern« –, stünde gerade einem Daniel Cohn-Bendit ein resches »Marxismus mit Chuzpe« gut zu seinen feuerroten Haaren. . .

Freilich, nach wie vor leiden wir unter dem Druck des Hamburger Ohnsorgtheaters, des schwachsinnigen. Doch immerhin, zart am Horizont erhebt sich der Stern der Mittenwalder Bauernbühne, der minderbemittelten; deutlicher schon treten die Konturen der hochunbegabten Elisabeth Plessen und ihrer »Mitteilung an den Adel« hervor; längst vollends scheuklappenlos beobachtet Hermann Gremliza: »Was Gabriele Henkel alles mit der Hand macht.«

Und einsehen gelernt hat offenbar auch Heinrich Böll, der nach seinem trostlosen »Haus ohne Hüter« unlängst zum »Gruppenbild mit Dame« zurück und aus der selbstverschuldeten Einsamkeit heraus fand. Na, wie fühlen Sie sich nun, Herr Böll? Dame, Gruppe, ein gesundes Miteinander, Wein Weib und Gesang – ist das nichts? Na also, so geht's doch auch.

IM LAUF DER ZEIT I

»Aus Nichts wird nichts.«
(Lukrez)

Zahlreiche Maßnahmen

Zu einer Reihe von unterschiedlichen Veranstaltungen kommt es während der nächsten Zeit im Bezirk im Bereich der Kammer. Geplant sind ferner Vorbereitungslehrgänge und Fortbildungsmaßnahmen wie auch schon in den vergangenen Jahren. Daneben werden Sitzungen für die teilnehmenden Vertreter der Verbände und Organisationen sowie der gewerbetreibenden Wirtschaft abgehalten. Träger dieser Durchführungen sind die berufsfördernden Organisationen auf regionaler und überregionaler Ebene. Dazu haben sich Teilnehmer aus allen Teilen angemeldet. Weitere Maßnahmen finden in den einschlägigen Tagungslokalen sowie im Dom statt, wo Bischof H. H. Walter Schumm ein Pontifikalamt abhalten wird, während wahlweise in der Historischen Wurstkuchl ein weiterer Abend vorgesehen ist bei Anwesenheit der Welser Weinkönigin 1979, wo auch Bier und Bratwürste ausgegeben werden. Bei einer abschließenden Pressekonferenz werden über 200 Vertreter aus Industrie und Handwerk über die weiterführenden Maßnahmen während der nächsten Monate und Jahre innerhalb der Kammer beraten und abstimmen. Weitere Gremien sind aus Ulm gemeldet. Zuletzt wird als Abschluß der Veranstaltungsreihe um 14 Uhr eine Kundgebung unter freiem Himmel und mit Bierzelt gleich rechts daneben abgehalten, bei der die Teilnehmer der Verbände gesondert begrüßt werden. Dort wird auch weiter überlegt, was an Maßnahmen noch getroffen werden könnte für fernere fortbildende Förderungsinitiativen. Für die Delegierten und Interessenvertreter findet zuletzt eine Gratisvorführung statt. In freier Weise kann dann noch die Stadt und das umliegende Gelände besichtigt werden.

Sachen gibt's!

In Kehl am Rhein wurde in den späten Nachmittagsstunden ein Mann in einem Lokal gehört, der zwar die größten Schwierigkeiten hatte, »i–i–i–ich« zu sagen, der aber das Wort »Iberstunden« auf Anhieb schaffte. So daß der ganze Satz lautete: »I–i–i–ch macht keinen Iberstunden, verreck, höhö!«

Aus der Regierungskrise

Bei den Frauen soll es jetzt nach den Plänen der Regierung (Matthöfer!) auch untenherum anders werden. Statt der bisher üblichen sog. Musch soll jetzt eine platinblonde Vitrose-Membrane eingebaut werden. Und kein Mensch weiß, was das soll, noch wo es hinführt. Aber mit uns kann man es ja machen.

Aus dem Leben der Ärzteschaft

Eine Frau Helga Triviera, welche dem Autor dieser Zeilen bekannt ist, erfuhr in den frühen Abendstunden des 10. Mai 1979 am Hoftor ihres Anwesens von einer gewissen Aumeier, daß diese dem Schwiegersohn der Triviera, dem Orthopädie-Facharzt Dr. Franz Ramm, in dessen Praxis einen Ring an ihrem Finger gezeigt habe, den sie einst von dem staatlich vereidigten Schätzer Herrn Reis, dem Großvater des Dr. Ramm, für treue Dienste am Krankenbett erhalten hatte, wobei allerdings, wie Frau Triviera wußte, schon früher in der Familie von Reis' Tochter und Schwiegersohn (Reis-Ramm) gemunkelt worden war, daß es zwischen der Aumeier und dem Witwer Reis nicht allein bei einer sanitären Beziehung geblieben war, sondern daß es die Aumeier, wie schon bei einem kurz vorher verstorbenen Herrn Ries, darauf abgesehen gehabt hatte, den Reis zu ehelichen, wozu es, was allerdings nicht einmal Frau Triviera wußte, auch aufgrund der späten Leidenschaft des Reis beinahe gekommen wäre, wenn Reis nicht gleichfalls gestorben wäre, so daß Dr. Ramm heute eigentlich in der Patientin Aumeier, wie er wußte, fast seine Großmutter erblicken durfte, daß sich aber Dr. Ramm nach dem Bericht der Aumeier an Frau Triviera beim Vorzeigen des alten Reis-Ringes trotzdem »sehr gefreut« habe.

Schamlose Gottesanbeterin

Ein starkes Bubenstück leistete sich kürzlich die Gottesanbeterin Almut II. Noch während sie ihren Suppenkasper und Gemahl Anselm XII. im Zuge einer Gewohnheitspaarung zu verspeisen begann, zog sie durch raffiniertes erotisches Wippen ihrer Fangbeine die Aufmerksamkeit des dümmsten aller Erdensöhne, des vorbeitingelnden Kakerlaken Roberto (»Blankoscheck«) Mayer-Rosa, auf sich, eröffnete mit diesem hirnverfransten Schafskopf einen rauschend-nichtigen Flirt und putzte ihn dann gleichfalls weg. Um den Tag und den Trug voll zu machen, strafte die blöde Sau auch noch ihren Namen Lügen haben kurz und dumm: sie lästerte Gott nach Stein und Beinbruch. Dazu kann man mit den Augenzeugen, vier toten Küchenschaben, nur sagen: Pfuiala!

Harte Zeiten

Im Zeichen des Umsichgreifens allseitiger Dialektik hat diese jetzt auch vor dem Schlechtwerden und der Übelkeit nicht haltgemacht. Denn wie oft passiert es uns neuerdings, daß uns der Kopf weh tut, die Augen brennen, aus der Herzgegend die bekannten Angstschübe ins Hirn vorstoßen, der Gleichgewichtssinn uns verrät, die grauenvollsten Visionen durch die Mattscheibe jagen und uns zu allem Überfluß auch noch ein unappetitlich abgestandenes Gefühl um den Sack herum belästigt. Und doch, schauen, riechen, hören wir nur genauer hin – haben wir nur den Mut zur Wahrheit: Weder schieben wir eine Tablette ins Maul, noch denken wir daran, den Unfug langfristig zu ändern. Sondern wir ertappen unsere innere Stimme bei dem seltsamen Satz: »O Gott, ist mir *schön* schlecht!« Wortwörtlich! Und irgendwie, gehen wir länger mit uns zurate, seien wir doch ehrlich, kruzifixsakrament! – irgendwie gefällt uns der ganze Scheiß! An eine langfristige Systemänderung ist natürlich unter solchen Umständen nicht zu denken.

Aus der Psychoanalyse

»Weiber! Weiber!« schrie kürzlich in Schwandorf ein einsamer Zecher in die Nacht hinein, nachdem er im Laufe eines einzigen Jahres seinen Lotto-Hauptgewinn verlebt und dabei sogar noch seine Frau verloren hatte. Ja mei, wenn's halt sexuell nicht stimmt, da nützt das ganze G'schrei und Lotto nix.

Einige mal herhören!

Folgende Leser sollen jetzt mal ihre blöde Klappe halten und besonders herhören: Harry, Anni, Lionel, Irene, Alwin S., Richard, Rösselmann, Hännchen, Vroni, Gabi, Susi, Lissi, Akakij Akakijewitsch und Gisi. Achtung, Achtung! Die russisch-bolschewistische Gefahr befindet sich mitten unter euch! Findet sie heraus, bringt sie zur Anzeige und macht sie unschädlich, bevor alles zu spät ist! Denn sie kommt ja schon, sie kommt ja schon, die internationale marxistisch-leninistische *und* atheistisch-antichristliche Weltrevolution trara!

Dumm, aber gut

Seine Beobachtung, daß es unter den deutschen Nachkriegsschriftstellern nur die einsilbigen Grass, Böll, Lenz und Frisch wirklich zu Ruhm und Reichtum gebracht haben, veranlaßte jetzt den erfolglosen Nachwuchslyriker F. Rammelscheibler zur Wahl des Pseudonyms Ramsch. Ob das was bringt?

Sex – ja oder contra?

Zwar, natürlich sind wir gegen die Verstaatlichung der Banken, aber für die Sexualität sind wir alle, letztlich sogar der Papst, wenn man es ihm richtig erklärt. Sind wir aber auch alle ganz dicht im Kopf? Oder hat uns der Sex schon vollends die Sinne vernebelt, ja sogar die Überschriften versaut? Sehen Sie! Sehen Sie! Eben! Denn natürlich sollte die Überschrift lautmalen: »Der Papst – pro oder scheißwurscht?« Unsere Meinung: In illo tempore ist und b'leib(!)t diese Entscheide(haha!)ung Privatsack – und sollte es ei(hehe!)gentlich b'leiben. Eier für samenmal . . . pardonanobis: amenzellamseeler . . . scusinchen: amenbankert!

Unverhofftes Wiedersehen

Zu einem unverhofften Wiedersehen kam es, als jetzt in der 84. Verfilmung von Tolstois »Anna Karenina« Anna Karina die Titelrolle übernahm. Schon in der Pause natürlich ein Mordshalali . . .

Wann wird wieder Ruhe im Dorf?

Neulich wurde am Waldrand ein Mann mit Schlapphut und Gummistiefeln gesehen. Wer Angaben machen kann, soll sich melden. Wenn die Sache aufgeklärt ist, wird das alte Treppchen am Bach dann auch erneuert.

Im Lauf der Zeit

Im Lauf der Zeit erscheint einem eine Reihe von respektablen Persönlichkeiten, die einem bei den dezenten Regierungsempfängen am St. Emmeransplatz begegnen, bekannt. Neu, doch, da wegen pechschwarzer Haare, Augen in gleicher Farbe, nicht zu übersehen, gesellt sich dazu seit einiger Zeit ein neues Gesicht. Recherchen ergaben, es handle sich hierbei um den türkischen Vizegouverneur G. Toprak, der hier bei der Regierung die deutsche Sprache erlernt. Im Gespräch in den Empfangssesseln muß man bewundernd feststellen, Toprak hat sie schon gelernt. Der Chronist priese sich glücklich, wenn er des Türkischen sich in ähnlich kurzer Zeit ähnlich mächtig erwiese wie sich des Deutschen Toprak.

ALLES ÜBER TAXERER

Von
Eckhard Henscheid (alles)
und Wilhelm Genazino (nichts)

1

In erster Linie schützt der Taxerer die Jungfrau. Mit einem schwarzen Auto fährt er querfeldein durch die Stadt der Träume. Neuerdings steht ihm auch das blonde Auto zu Diensten. Hinter schwarzer Sonnenbrille sehen, wiewohl zusammengekniffen, die Augen alles, was Rang und Namen hat: das treibende Handwerk, den Schlagetot, den Habebald, den Straßenkot, den schleichenden Verbrecher. Zu ihm ist des Taxerers Haltung ambivalent. Gebilligt werden letztlich sauber durchgeführte Wirtschaftskriminalität und die Beseitigung von Fremdkörpern. Die Bewunderung gilt dem Aufbrechen der großen Bank und dem Schuß auf Dutschke und Rammelmayer, da machen wir keinen Unterschied. Scharf abgelehnt und eigeninitiativ verfolgt dagegen werden Kindermord (muß nicht sein) und Schändung der Jungfrau (sofort ausmerzen). Da wird in Scharen die Verfolgung aufgenommen, die Jungfrau ist dem Taxerer zu großem Dank verpflichtet. Der Mann aus dem fremden Land muß dran glauben. Wuchtig massig prasseln Schläge auf den Kopf, bis die Sexualität und alles draußen ist. Die Jungfrau geht leer aus, kostenlos wird sie heimgefahren.

2

Kommen wir gleich zur Frage der Todesstrafe. Sie ist ein Problem. Oft wird ein Taxerer erschossen wegen ein paar Münzen. Wenn er wenigstens wegen einer Million erschossen worden wäre! Aber so! Unabhängig von der Frage der Jungfrau. Die Eintracht unter den Kollegen ist gut, diesbezüglich sogar hervorragend. Der Konsensus ist da, der Gesetzgeber kann sich da auf die Dauer nicht drum drücken. Oft schläft die Frage für kurze Zeit wieder ein. Aber sie schlummert nur, gleich der Jungfrau hold. Zur geeigneten Stunde wird dann wieder gefordert, in Buchstaben von zum Teil 8 cm Höhe und 1,5 cm Dicke. Auf so große Buchstaben bringt es noch nicht einmal die Jungfrau. Es sei denn, sie ist noch keine 14.

3

Eng verbrüdert ist der Taxerer mit dem Kioskmenschen, mit dem Feuermelder und dem Eckensteher. Der Interessenausgleich ist natürlich, der Informationsvorsprung gegenüber der Restbevölkerung enorm. Oft rettet einzig das wache Auge die Jungfrau aus den Fängen.

Der innigste Verwandte des Taxerers aber ist der Fahrlehrer. Fahrlehrer und Taxerer – dieses Tandem steht! Im Dickicht der Städte gewinnt es von Tag zu Tag an Treue, herrlich prangt die Smogglocke über ihm. Sollen wir die ganzen ungezählten Gemeinsamkeiten der beiden aufzählen? Pfeif drauf. Nur eins sei allen Gutmütigen ans Herz gelegt, ein Interessengegensatz: Bekanntlich schont der Fahrlehrer die Jungfrau nicht. Oft wird sie seine plumpe Beute, lachend wird sie heimgetragen, Freude und die Lust auf Angriff in den ungeschlachten Zügen. Der Taxerer kann nichts mehr machen. Das Hinterzimmer der Fahrschule ist seinem Zugriff entzogen, jede Rettung kommt zu spät.

4

Um so gemeinsamer, um nur eines zu nennen, ist aber dem Fahrlehrer und dem Taxerer die Sonnenbrille. Jeweils lagert sie sehr profiliert im Gesicht auf kantiger Nase herum, vermittelnd gut den Eindruck von Solidität trotz Raffinesse.

5

Sogar der Rechtsausgleich ist ganz natürlich. Der Fahrlehrer bezahlt seinen Vorsprung in bezug auf die Jungfrau durch das gedämpfte Tempo. Der Taxerer gleicht es aus durch den oft zügellosen Tritt aufs Gas, oder wie das da unten heißt. Deshalb donnern selbst hochgeschulte Taxerer manchmal gegen den Randstein, so daß das Auto lustig in die Höhe springt. Der Taxerer schämt sich für solch einen mißglückten Verkehrsbeitrag. Der Funkverkehr bricht für Hundertstelsekunden zusammen. Das Berufsethos aber ist kaum verletzt, die Psychoanalyse läuft, die Jungfrau bleibet rein.

6

Kommen wir gleich zum Phänomen des Fahrpreisanzeigers. Oft wird aufgerundet. Und schon verlassen wir dieses Phänomen wieder.

7

Und nun zum Äußeren. Früher waren Taxerer immer dünn, die Währungsreform stand im Gesicht, lastend der Bausparvertrag im Genick. Heute geht es auf diesem Gebiet grob durcheinander. Einerseits ist der Student hinzugestoßen, andererseits findet man unter den Taxerern jetzt herrlich herausgefressene, sorgenfreie Männer. Unser größter Feind ist nach dem fremden Arbeiter das Mini- und das Callcar. Im Minirock das Callgirl ist sehr unrein.

8

Zu großem Dank ist dem Taxerer das ungeborene Leben verpflichtet. Aber auch die Nonne und das Zicklein bleiben ungeschändet. Zwar ist zweifellos die Rammellust des Taxerers ebenso groß und herzzerreißend verbreitet wie anderswo, vom Fahrlehrer zu schweigen. Doch bremsen Wille, Wille und nochmals Wille die ärgste Wut immer wieder großartig her. Danke. Im Namen des schönen Geschlechts.

9

Wolken geh'n wie schwere Träume, in den Vorstädten wenig Verkehr, aber grasend manche Jungfrau, in ihren schwarzbraunen Locken spielt leise der Abendwind. Heilignüchtern doch der Taxerer sei.

Dieser rieselt lieber im schwarzen Kasten selbstvergessen durch die nähere Heimat. Beliebt unter den Kollegen sind Autobahnpartien. Die Kohlen stimmen, die Trennwand steht. Europawelle Saar vertreibt die Angst. Hinzu gesellt das Tempo 180 sich.

10

Oft, wenn während der Fahrt die Sehnsucht nach der Jungfrau allzu innig wird, rettet allein bedingungslose Schonung deren Wesen.

11

Ein Taxerer ist wieder mal ermordet worden. Am offenen Grabe verweist ein Interessenvertreter auf das Wiedersehn sowie den undurchschaubaren Ratschluß. Vertreter des Taxererverbands ergänzen diesen Hinweis durch die kompromißlose Forderung nach Kompromißlosigkeit. Auch Franz Josef ist hinzugeeilt. Er steht hinterm Erdhügel, die tollkühnen Wirkungen des Bockbiers, gestern abend frisch genossen, verbergend hinter der Sonnenbrille. Die Vertreter fallen in Weinkrämpfe und beinahe ins Grab hinein. Zum Abschluß klagt ein Psalm, Franz Josef kann noch immer keinen klaren Gedanken fassen. Irgendwem möchte er jetzt gern einen Kinnhaken geben, daß es ihn 'raushaut aus dem Wahlkreis.

12

Politisch steht der Taxerer traditionell jenseits der allzu simplifizierenden Kategorien links und rechts. Das Vertrauen gilt allein der PS. Franz Josef hat es da nicht leicht.

»Fuzzelchen bummst kreuz und quer«, verheißt die Kinowand. Der Reizgewalt der Jungfrau dennoch trotzt der Taxerer.

13

Lieblich war die Maiennacht/Silberwölklein flogen/Rauer war mein Postillon/Ließ die Geißel knallen. Selbstjustiz wär' halt was Schönes.

14

Vier Uhr früh – Regentropfen schwankend auf dem Ahornblatt, körperlos treibt es dahin. Du aber schreitest Richtung Unbekannt, gestoßen fort von Mächten, die du mitnichten kennst, schon drohen dir die Beine zu versagen, umwölkt vom Schwall der Zeit das müde Hirn, die Sinne schwinden dir – –

– da plötzlich sitzt wer neben dir, Lederjacke, Zigarette in den Winkeln, Milch der Frühe, soziales Miteinander; Menschheitshelfer, allverzeihend. Schon bist du daheim. Fazit: 6 Mark 30. Quittung? Nein, danke. Lieber Weiber! Nein, Weiber hat der Taxerer keine. Wiewohl er erstklassige Adressen kennte ...

15

Noch nie in der Geschichte Deutschlands hat ein Taxerer innerhalb seines Berufs und seines Autos die Jungfrau überwältigt. BILD wartet täglich drauf.

16

Gloria in excellsis Deo, das Eigentum muß gesichert werden, bravissimo, damit es nicht auseinanderfällt, damit man geistig nicht umnachtet, die Waffe liegt im Nachtkästchen bereit. Heimlich der Neid auf den Fahrlehrer nagt, jedoch man kann nichts machen. Die Liebe ist nicht gut, verboten Spionage, rauschend fährt das Taxi über Stein und Bein hinweg. Beata Maria virgine, gelobt sei der Vater, Sohn und auch der Geist. Vivat Pius XII., Paul VI. sowie Hans Wieser, Velburg.

17

Glasklar streicht der Tag über das Land. Der Sommer ist sehr groß. Freude trinken alle Wesen. Aus dem Puff gleitet der Amtmann. In der Stadt geht alles ruck und zuck. Zügiger denn je schmeckt die HB, locker lehnt der Arm zum Fenster raus, heiter winkelt er sich ab, grüßend den kreuzenden Kollegen in dem gleichfalls schwarzen Kasten. Geld kommt 'rein, es flutscht und zischt, das Leben schlägt geregelt ein auf Mensch und Tier. Sicher passiert die Jungfrau jetzt die Straße. Tu Virginum corona, tu nobis pacem donas. Höflich wird gestoppt. Dankendes Nicken lohnt die gute Tat. So muß es sein. In Bonn regiert die SPD. Wer hätte das gedacht.

LOGELEI

Der berühmte Eidetiker Alois Irlmeier aus Freilassung wurde einmal von einem Manne aufgesucht, dem ein geschlachtetes Schwein gestohlen worden war. »Wer hat's gestohlen, Alois?« so lautete die harte Frage des Besuchers. Drauf Alois: »Wenn du heute in der Nacht heimgehst, wird dir Punkt 10 Uhr ein Mann begegnen, ist ein Untersetzter und hat einen dunklen Schnauz. Auf dem Buckel aber trägt er einen schweren Rucksack, in dem ist ein Haufen Fleisch drin. Also pfüit di!«

Der Bestohlene machte sich auf den Heimweg, und richtig, um 10 Uhr begegnet ihm ein Untersetzter, trägt einen schweren Rucksack und hat einen dunklen Schnauz. Alles stimmte, und so merkte sich der Beraubte das Haus, in dem der Rucksackmann verschwand, lief nach einem Gendarmen, fand einen, und gemeinsam ging's in das bewußte Gebäude, in dem der Schnauz gerade Brotzeit machte.

»Heraus mit dem gestohlenen Fleisch!« sprach der Gendarm zu dem Erbleichenden, der Bestohlene aber hatte den Rucksack schon auf der Ofenbank entdeckt, ein Sprung, und das Geheimnis enthüllte sich. Als man aber das Fleisch herauszog, war es kein *Schweinernes*, sondern ein *Kälbernes* von einer Schwarzschlachtung. Aber *gestohlen* war es auch.

Wo lag der Denkfehler?

GOTT IST DOCH NICHT BLÖD

Warum es wahrscheinlich keinen Himmel und aber garantiert keine Hölle gibt

1

Still ist es geworden um das Hin und Her um Gott. Eröffnen wir also wieder die Diskussion. Einwandfrei steht heute fest, daß sich Gott noch niemals als Schöpfer vorgestellt hat. Deshalb sagen die Christen, von nichts entsteht nichts. Danach müssen alle die wunderbaren Sachen wie Mond und Sterne von einem Schöpfer geschaffen worden sein. Wenn das stimmt, dann müßte das Wunderbarste, was es heute gibt und überhaupt geben kann, falls es es gibt, nämlich Gott, ebenfalls von einem denkenden Geist geschaffen worden sein usw. bis in alle Ewigkeit. Wenn man das durchdenkt, ist das mehr blöd als logisch.

2

Sie haben es aber gemerkt und behaupten deshalb, Gott gibt es seit ewigen Zeiten. Das ist aber nicht wahr, sondern alle Dinge haben seit ewigen Zeiten unerschaffen in Form von Energie bestanden, das kann man überall lesen. Aus Zufall entstanden daraus einmal, wir wissen nicht wann und wie und warum, Materie und Antimaterie, das ist zusammen Energie. Als dann Materie und Antimaterie zusammenstießen, entstand wieder Energie usw., bis das Weltall im Prinzip fertig war. Dann entstanden irgendwann einmal die Chemikalien, dann durch Evolution Leben, nämlich Viren, Bakterien, niedere Pflanzen und Tiere, später Säugetiere und Menschen sowie andere Seelen. So ist das und logisch. Was die Atheisten sagen, ist immer oder meistens logischer als was die Theisten sagen.

3

Unser Planetensystem ist einige Millionen Jahre alt. Es ist möglich, daß andere Milchstraßen noch viel älter sind, aber sogar wenn sie Oktrillionen Jahre alt sind, dann ist selbst eine Zeit von Oktrillionen Jahren nur ein Augenblick gegenüber der Ewigkeit. Daraus muß man schließen, Gott hat Ewigkeiten hindurch nichts getan und kam dann auf einmal auf die Idee, was zu tun. Nämlich all die wunderbaren Galaxien zu erschaffen. Zu einem bestimmten Zeitpunkt schuf ER dann die ersten Menschen Adam und Eva und dann noch mehrere ungeschlechtliche. Später ging es geschlechtlich weiter. Vorher hatte ER schon Engel geschaffen.

Das glaubt doch keiner.

4

Nach den Christen lebte Gott seit Ewigkeiten im Himmel, das heißt in einem sehr angenehmen und erfreulichen Zustand und bewußt. Als ER Menschen erschuf, mußte ER wegen der geplanten Strafen auch eine Hölle erschaffen, oder umgekehrt zuerst die Hölle und dann die Menschen, denn eine Hölle ohne Bewohner hat ja keinen richtigen Sinn.

In der Hölle aber werden nach Ansicht der Christen höchst qualvolle Gefühle erlebt. Um diese erleben zu können, mußte Gott den Menschen einen Sinn und einen Begriff für die Qualen eröffnen, denn so etwas gab es vor dem Sündenfall seit Ewigkeit nirgends.

Nun kann aber Gott nur dann Schmerzen erfinden, um seine Geschöpfe strafen zu können, wenn ER selber weiß, was sind Schmerzen. Ein Maschinenbauer kann keine Maschine machen, wenn er überhaupt nicht weiß, was eine

Maschine ist. Das ist klar. Wenn ER aber wissen will, was Schmerzen sind, muß ER selber Schmerzen erleben und erdulden.

Nun muß aber weiter ausgeholt werden.

5

Lustgefühle werden nach Euphoriegraden abgeschätzt, Schmerzen und sonstige Qualen nach Dolgraden. Angenommen ein Mann liegt mit einer wunderschönen nackten Frau im Bett herum und erzielt den wunderbarsten Orgasmus, so sind das ca. 30 Grad terrestisch somatisch und terrestisch psychisch Euphorie. Der Verfasser dieses hat zwar in seinem ganzen Leben noch nicht geliebt, aber wenn er Aufsätze über so viel Sex in den Illustrierten betrachtete, dann muß er schon annehmen, daß das etwas sehr Schönes ist.

6

So, jetzt kommt's:

Der schlimmste Schmerz, den Menschen manchmal erdulden müssen, ist vielleicht das Verbrennen bei lebendigem Leibe. Dieser Schmerz könnte ein Schmerz von ca. 80 bis 100 Grad terrestisch somatisch Dol sein, also viel höher als beim Orgasmus, wenn auch umgekehrt. Für Christen sind die Qualen im Höllenfeuer, ob es nun wirklich Feuer ist oder nur Seelenqualen, noch viel furchtbarer als Qualen im Diesseits. Die Wissenschaft hat ermittelt, Gott lebt seit Ewigkeiten in einer Dauerlustverfassung von ca. 1000 Grad celestisch Euphorie, es kann aber auch noch viel mehr sein, beziehungsweise er kann es erhöhen.

Wenn das wahr ist, dann erleben die Verdammten in der Hölle Zustände von vielleicht 200 bis 3000 Grad infernalisch somatisch Dol vor der Auferstehung allen Fleisches und zusätzlich dann später 500 bis 5000 Grad infernalisch psychisch Dol.

7

So. Um aber Seelen in die Hölle werfen zu können, mußte Gott erst eine Hölle aufmachen. Das kann ER aber nicht, ohne daß ER weiß, wie furchtbar Qualen von 5000 Grad inf. Dol sind. ER muß also, wenn ER Höllenqualen erfinden will, Qualen bis zu ca. 5000 Grad inf. Dol erdulden. Denn ER muß ja wissen, was ER erschafft, ER hat ja die Verantwortung. In der Praxis heißt das, ein Gott, der Ewigkeiten hindurch in einer Dauerlustverfassung von ca. 1000 Grad cel. Euph. gelebt hat, wirft sich selbst in einen Höllenzustand von ca. 5000 Grad inf. psych. Dol, nur um seine Leute strafen zu können, weil sie anderer Meinung waren als Gott. Dabei muß man bedenken, was kann einer dafür, wenn einer eine Meinung hat? Niemand kann etwas für seine Meinung. Jeder, der eine Meinung hat, hat einen triftigen Grund dafür.

8

Fragt man nun alle Menschen, die man kennt, würden Sie, wenn Sie Gott wären, freiwillig aus einer Lustverfassung von 1000 Grad cel. Euph. in einen Zustand von 5000 Grad inf. Dol gehen, nur um eine Meinung bestrafen zu können, dann würden ausnahmslos alle sagen, ich bin doch nicht blöd. Wenn aber kein Mensch schon so blöd ist und sich selbst freiwillig ins Unglück stürzt, dann stürzt sich ER erst recht nicht.

9

Schmerzen und Arten von Leiden kann deshalb niemals ein denkender Gott gemacht haben. Dieser kann zwar mit seinen Geschöpfen machen, was er will. Er kann aber keine Seelen zum Leiden fit machen, ohne dabei selber als Gott alles erleiden zu müssen. Da aber Seelen aus Gefühlen und Denkarbeit bestehen und qualvolle Gefühle, wie gezeigt, von Gott also nicht geschaffen sein können, so können auch Seelen nicht von einem Gott erschaffen worden sein. Denn man kann doch wohl schlecht sagen, angenehme Gefühle für die Seele hat ein Gott gemacht, unerfreuliche aber sind von selbst gemacht worden. Seelen sind entweder von Gott erschaffen worden oder atheistisch, aber nicht teils teils.

DAS KLEINE »O«

Es gibt Leute, die glauben, über Thomas Mann wissen wir heute schon alles. Falsch. Wir stehen erst am Anfang. Wo? Am Anfang. Wir müssen nochmals ganz vorne anfangen, wenn wir uns in die Seele dieses weitgereisten Dichters versetzen wollen. Was aber ist das Elementarste an Thomas Manns epischem Werk? Nun, es ist die Vorherrschaft des kleinen »o«. Während Goethes Lieblingsbuchstabe längst als »W« ausrecherchiert wurde (Werther, Wilhelm Meister, Wahlverwandtschaften, Weltliteratur, Weimar, Wetzlar, Wibblinger-Frage, Wanderjahre, Wanderers Sturmlied, Wanderers Nachtlied, Ein Gleiches, Wie herrlich glänzt mir . . .), bevorzugt Thomas Mann das »o«. Hier die Belege (Um das kleine »o« graphisch gut zu akzentuieren, ersetzen wir es im Folgenden durch das starke Reizsymbol 4. Also:):

Visi4n; Der T4d; Der Bajazz4; T4bias Mindernickel; T4ni4 Kr4eger; Beim Pr4pheten; Anekd4te; Wie Jappe und D4n Esc4bar sich prügelten; Der T4d in Venedig; Un4rdnung und fr4hes Leid; Mari4 und der Zauberer; Die Betr4gene; Der Kn4be Hen4ch; Die B4ddenbr44ks; L4tte in W4m4r; Der J4sephs-R4m4n; K4enigl4che H4heit; D4kt4r F4st4s; Cl4v4g4; T4ss4; 4th4ll4; D4n Gi4v4nni; D4n Qu4x4tte; S4d4m 4nd G4m4rrha. Ausnahmen: D2r Z15b2rb2rg; F2l3x Kr5lI; und W12ls5ng2nbl5t.

Man sieht: Goethe und Thomas Mann zusammen bilden das Wörtchen wo = »wo«. Antwort: Immer zu Hause (Novalis).

DEMOGRAPHISCHE STUDIEN

Aus der Welt der Wissenschaft

Vielerlei weiß der Mensch, mancherlei ist ihm bewußt. So etwa heißt es in Goethes »Faust«, und seither ist die Entwicklung der menschlichen Erkenntnis ja mit nachgerade unvorstellbarer Dynamik fortgeschritten. Die moderne Wissenschaft hat uns einsehen gelehrt, daß wir alle aus einer planetarischen Urbrühe herrühren und uns erst im Zuge einer wunderbaren stetigen Evolution heraus- und fortgebildet haben. Wir beherrschen die hochkomplizierten Formeln für Methylalkohol und für das feingliedrige DNS-Molekül, das praktisch unser Leben zusammenhält. Im Schlaf sagen wir die Weltenformel $E = m$ mal c^2 her, item den Pythagoras, item den Faradayschen Käfig, das Ohmsche Gesetz, das Stabilitätsgesetz, das s-förmige und das ellipsenförmige Milchstraßensystem, das WM-System, die Aljechin-Eröffnung e4-Sf6, die Psychokinese, Biorhythmik, Thermodynamik, Kritische Theorie, Breslauer Elf, Andromedanebel, Adremaschreibmaschine, usw. usf.

Merkwürdig genug hat sich indessen das Interesse der Wissenschaft einem Gegenstand noch so gut wie gar nicht zugewandt, der doch eigentlich zu den erheblichsten, faszinierendsten und erhabensten überhaupt zählt. Wir meinen die Frage, wie oft im Zuge der Welt- bzw. der Humangeschichte eigentlich insgesamt schon gevögelt wurde.

Sicherlich – ein nahezu perhorreszierend schwieriger Gegenstand. Wie ihn anpacken? Ja, ist das überhaupt wirklich zu ermitteln? Wagt sich eine solche Fragestellung nicht tatsächlich über die Kompetenzen von Wissenschaft hinaus, hinein in eine Zone von Hybris, die schon einem Ikarus – –

Eben nicht. Sondern wer das wissenschaftliche Rüstzeug beieinander hat, soll es auch nach Gottes Willen ruhig gebrauchen.

Wie viele Menschen, so muß nolens volens unsere primäre Fragestellung lauten, haben eigentlich schon überhaupt gelebt? Nun – eine harte Nuß, fraglos, schon zu Beginn, denn nicht einmal dies hat bis dato einer der Herren gutbezahlten Demographen in jenen lukrativen (pensionsberechtigten!) Pöstchen zu Allensbach und anderswo zusammengezählt – man möchte oft wirklich ganz gern wissen, mit was sich die Herren die Zeit vertreiben –, und wir, die Dummen, die Kleinen, die freien Existenzen der Kulturindustrie, müssen es tun!

Eine harte Nuß, wie gesagt, denn wo beginnen? »Und Gott der Herr«, so lesen wir bei Mose 2,7, »machte den Menschen aus einem Erdenkloß und er blies ihm ein den lebendigen Odem in die Nase. Und also ward der Mensch eine lebendige Seele.«

Gut gesagt, Freund Mose, aber – wann, *wann* blies der Herr? Nun, der anglikanische Erzbischof James Usher (1580–1656), welcher als »acatholicorum doctissimus« galt, meinte seinerzeit in »Annales veteris et novi testamenti« (1650), es war am 9. März 4004 v. Chr. um 8 Uhr früh, und das galt dann auch amtskirchlicherseits fast ein Jahrhundert lang als kategorischer Imperativ – war aber natürlich Quak, und Darwin widerlegte es glatt, und daraus erwuchs dann die Wissenschaft der Paläontologie, und durch sie wird allerdings die Frage – zunächst! – noch komplizierter, denn vor 25 Millionen Jahren war der Mensch noch ein kompletter Blödmann, das gibt inzwischen sogar der Papst zu, und also gilt dieses Vögeln praktisch noch nicht.

Sondern erst langsam wurde es dann besser. Aber wann? Nun, seien wir nicht allzu pingelig. Lassen wir den

Menschen, eingedenk des Postulats, daß man beim Vögeln halbwegs was denken soll, mit dem Australopithecus Oldoway beginnen, einem schlagkräftigen Werkzeugmacher, der vor 500 000 Jahren im Äthiopischen herumhämmerte. Rasch gesellten sich dann der Neanderthaler, der Pithecanthropus und zuletzt der Homo sapiens hinzu, und dann ging es flott voran und bis heute praktisch immer so weiter. Nach Paul R. und Anne H. Ehrlich, Stanford University California, war dies zunächst noch ein sehr häßliches Gewutzel und auf Afrika beschränkt und zählte etwa 125 000 Seelen, so viel wie heute Würzburg, mit einer mittleren Lebenserwartung von 25 Jahren.

Ungeachtet der Eiszeit waren es dann (nach Ehrlich/Ehrlich) 8000 v. Chr. bereits 5 Millionen, die Lebenserwartung hatte sich auf 30 bis 40 Jahre erhöht – siehe Jesus, der den Mittelwert 33 erreichte –, und die Menschheit war praktisch um den ganzen Erdball ausgebreitet, und es war nichts mehr zu machen.

Nach Ploetz/Dr. Köllmann (Raum und Bevölkerung in der Weltgeschichte) ging es dann so weiter:

1100 n. Chr.	500 Millionen
1650 n. Chr.	515 Millionen
1750 n. Chr.	730 Millionen
1800 n. Chr.	900 Millionen
1850 n. Chr.	1,17 Milliarden
1900 n. Chr.	1,60 Milliarden
1950 n. Chr.	2,50 Milliarden

So, und jetzt wird es ganz bitter, denn aus diesen Unterlagen müssen wir nun herauskriegen, wie viele Einzelmenschen schon an diesem verheerenden Aufschwung beteiligt waren, und da geht es natürlich in die geheimnisvollsten Winkelzüge der Mathematik hinein, aber wir packen es schon.

Zuerst müssen wir nämlich die drei uns zur Verfügung stehenden Koordinaten bzw. Komponenten – Zeiträume, Erdbewohner und Lebenserwartung – in eine möglichst einfache Relation bringen, und das lösen wir durch die Kraft unseres einfachen Intellekts so:

Wenn 500 000 v. Chr. 125 000 Menschen lebten und durchschnittlich 25 Jahre alt wurden, dann wurden dortmals im Jahre 125 000 : 25 = 5000 Menschen geboren. Klar? Jetzt wär's natürlich schön gewesen, wenn das immer so gleich und stur weitergegangen wäre, aber es wurden ja immer mehr, und auch die Lebenserwartung stieg, nämlich 8000 v. Chr. auf 5 Millionen Lebewesen à 33 Jahre, es wurden also seinerzeit im Jahr 150 000 Menschen geboren – und aus dieser Steigerung berechnen wir nun alles, nämlich mit der Formel 5000 mal 492 000 plus 145 000 mal 492 000 : 2 = 38,75 Milliarden, und genau so viele lebten nämlich zwischen 500 000 und 8000 v. Chr. auf dem Erdball. Nach dem nämlichen Trick berechnen wir aber jetzt die entsprechenden Zahlen für die dann folgenden Zeiträume:

8000 v. Chr. – 1100 n. Chr.: 57,56 Milliarden
1100 – 1650: 6,87 Milliarden
1650 – 1750: 1,82 Milliarden
1750 – 1850: 2,90 Milliarden
1850 – 1950: 5,14 Milliarden
1950 – 1980: 1,54 Milliarden.

Capito? So daß wir als eminent wichtige Zwischenbilanz verkünden können, daß bis zum heutigen Tag 114,58 Milliarden und zwar unterschiedliche Menschen (»Individuen«) irgendwann, irgendwo, irgendwie herumgelebt haben. Erstaunlich, erstaunlich . . .

Aber es kommt noch dicker. Denn diese Menschen haben fast alle mehr oder weniger oft gevögelt, damit es weitergehe. Zu leicht und sogar oberflächlich wäre es nun, unsere ermittelte Gesamtsumme mit der modernen mittleren Vögelfreudigkeit von 1450 pro Leben (nach: Kinsey-Report) durchzumultiplizieren, denn in den einzelnen Phasen ging es ja sehr verschieden fickrig her. So hat der alte Oldoway aufgrund seines sehr geringfügigen Hirns (500 ccm) praktisch immer gevögelt, wenn er nicht gerade hämmerte – und nachdem dann auch noch um 6000 v. Chr. die Orgasmusfähigkeit des Weibes entdeckt worden war, können wir gut und gerne mit einem Aufschlag von 15 Prozent rechnen, das wäre also von 500 000 bis 8000 v. Chr. 38,75 mal 1450 mal 1,15 = 64 604 Milliarden. Male!

Für die nächste Periode von 8000 v. Chr. bis 1100 n. Chr. heben sich die Einschränkungen (durch die Einführung des Christentums) und die zunehmenden Sauereien (im Zuge des Untergangs des Römischen Weltreichs) restlos auf, so daß wir auf 57,56 mal 1450 = 100 936 Milliarden Nummern kommen.

In die nun folgende Zeit von 1100 bis 1650 fällt die Freude über die Entdeckung Amerikas, es fallen die bekannt sagenhaften Ausschweifungen der italienischen Renaissance (Dante! Borgia!) – grandiose Aufschwünge, die auch durch das Überhandnehmen der mittelalterlichen Mönchskultur und den kurzen 30jährigen Krieg nicht oder kaum geschwächt werden, zumal diese allein durch enorme Aktivität im Nahen Osten wieder kompensiert werden –, so daß wir uns zu einem Aufschlag von 20 Prozent entschließen müssen und also auf die Zahl 6,87 mal 1450 mal 1,2 = 11 953 kommen.

1650 bis 1750 wurde in China der Zerfall der Ming-Dynastie ungewöhnlich heftig gefeiert, so daß man wieder 10 Prozent zugeben darf und mithin auf die Bilanz von 2902 Milliarden kommt.

Die Phase von 1750 bis 1850 ist durch die erste indische Hungersnot von 1769/70 gekennzeichnet, was wir mit

2 Prozent verabschlagen, so daß die Zahl 2,9 mal 1450 mal 0,98 = 4121 Milliarden herauskommt, eine sehr gute Zahl für die Verhältnisse.

Und im Anschluß ging es dann im Zuge der freien Liebschaften der Romantik und des überhandnehmenden bürgerlichen Eskapismus ganz entschieden drunter und drüber, so daß wir uns beherzt zu einem Bonus von 20 Prozent entschließen und also 5,14 mal 1450 mal 1,2 = 8944 herauskriegen.

Für den Zeitraum von 1950 bis 1980 nehmen wir den Kinseyschen Normalfaktor (haha!), vermehrt um den Zusatzfaktor 1/100 000 wegen des mehrtägigen New Yorker Lichtausfalls von 1968, so daß wir für unsere nähere Gegenwart auch noch einmal 2234 buchen dürfen.

Und gleichzeitig und endlich so weit sind, zu verkünden, daß von 500 000 v. Chr. bis auf den heutigen Tag 64 604 + 100 936 + 11 953 + 2902 + 4121 + 8944 + 2234 Milliarden mal, und das heißt nichts anderes als:

195 894 Milliarden mal = 195 894 000 000 000 mal gevögelt wurde! Unglaublich!

Was bleibt? Staunen, Bewunderung, der Blick zum gestirnten Pimmel. Angesichts einer wahrlich enormen Arbeitsleistung, eines exemplarisch beispielhaften Einsatzwillens. Unser Respekt gilt allen Zeitaltern gleichermaßen – ein jedes tat, was es vermochte – jedes nach seiner Art, mal von unten, mal von ... 195 894 000 000 000 ... unglaublich! Unglaublich! Bedenkt man einmal, daß beim einfachen Vögeln etwa 10 Zentimeter hoch gezuckelt wird, dann wäre also ... insgesamt ... schon ... 19 589 400 000 Kilometer hochgezuckelt worden, fast 20 Milliarden Kilometer also, weit über die Sonne hinaus, mitten in die Mysterien des Myriadenalls hinein – wie lächerlich nehmen sich dagegen doch unsere Astronauten aus!

Jetzt aber zum Abschluß stellen wir uns noch ganz kurz die Summa des Vergnügens vor, das bei all dem Gewürge doch mehr oder weniger stattgefunden hat. Hybris erneut? Ach nee. Der Da Droben wird schon . . . also fertig? Konzentrieren wir uns zuerst zehn Sekunden lang. Auf die Plätze, fertig, los:

1-2-3-4-5-6-7-8-9-10

– aus. Fertig. War's schön? Na also. War ja auch *der Sinn der ganzen Sache*. Was denn sonst.

KEIN PEP, KEINE CHUZPE

Unsere Buchkritik: »Das Weihnachtsevangelium«

Gerade noch rechtzeitig zu den bevorstehenden Feiertagen hat der Suhl- und Schlamp-Verlag ein Werk auf den Buchmarkt geschickt, das nach einem Verlags-Paper geeignet sein soll, »die unerträgliche Öde der Festtage mit Andacht, Swing und historischer Buntscheckigkeit zu würzen«. Ein großes Versprechen, sehen wir uns also das Werk – geschrieben hat es ein Lukas 2,1 – etwas näher an.

Zugegeben, der Titel klingt attraktiv: »Das Weihnachtsevangelium«. Das spielt, ambitioniert genug, auf Dickens' unsterbliche »Weihnachtserzählungen« an, es raunt zugleich von der paradiesisch umflorten Vision der Weihnachtsinseln; und weckt endlich gar Proustsche Déjà-vu-Erlebnisschichten der wiedergefundenen temps perdu: Erinnerungen an jene unwiederbringlichen Tage, da Großmutter, Silberfäden in den rosigen Wangen, bratäpfelumwackelt, am knorrigen Eichentische daran ging, uns Kleinen sog. Weihnachtsstollen zu backen . . . Das Weihnachtsevangelium: Das assoziiert aber auch in Klang und Rhythmus die weltliterarische Aura von Werken wie »Die Kreutzersonate«, »Die Pastoralsinfonie«, von »Der Wendekreis des Krebses« gar nicht zu reden; kurz: das Odeur von Intimité, Grandezza und Hen kai pan.

So weit, so gut. Damit hat Lukas aber sein Pulver auch schon fast verschossen. Die Exposition beginnt noch einigermaßen ordentlich: »Es begab sich aber zu jener Zeit . . .« Derlei glaubt man zwar schon mal gehört zu haben, das Stigma des Ohrwurms klingt herüber, und doch: noch waltet hier ein überzeugender Märchen- und Legendenton, jenes ganzheitliche syntaktische Klangbild von Simplizität und goethischer Lakonie, ja sogar der wahrhaft Brüder-Grimmsche Griff nach dem Urbildlich-Archaischen, der den Mythos des Prädiluvialen sicher in den Griffel kriegt, dochdoch, so weit ist das in Ordnung.

Andererseits, besonders geistreich tönt dieses »es begab sich aber« auch wieder nicht. Verglichen etwa mit Top-Romananfängen wie »Eduard, so nennen wir einen heruntergekommenen Hausknecht in den furiosesten Jahren« (so eröffnet Goethe lasziv-aufhorchenlassend seine »Wahlverwandtschaften«) oder: »Eines Tages wurde Josef K. verprügelt, ohne daß er sein Fäßchen Bier schon ausgeleert hätte ...« (so Kafka seinen gleichnamigen »Prozeß«) – verglichen mit solchen epischen Gipfeln fällt Lukas' Einstand doch merklich mager, ja fast dünn aus. Und dieser Eindruck verfestigt sich, wenn wir da weiterlesen: »... zu jener Zeit, da ein Gebot von dem Kaiser Augustus ausging, daß alle Welt geschätzet würde. Und diese Schätzung war die allererste und geschah zu der Zeit, da Cyrenius Landpfleger in Syrien war.«

Also bitte, was soll das? Das ist doch ausgeleiertes Plagiat jenes alten Kunstgriffs Johann Peter Hebels, wenn er in »Unverhofftes Wiedersehen« welthistorisches Geschehen chocartig kontrastierend mit privater Sphäre kontrahiert! Und tatsächlich, schon geht's bei Lukas weiter: »Da machte sich auch Joseph aus Galiläa auf, auf daß er sich schätzen ließe mit Maria, seinem vertrauten Weibe, die war schwanger.«

Da haben wir ihn, den kaum mehr kaschierten Kitsch! Lukas' flinkes Eintauchen seiner Shortstory in die Sexualität! Die pseudokunsthaltige Mystifikation der erzählten Techtelmechtel-Banalität mittels des pretiösen Wörtchens »vertraut« (was denn? getrieben hat er's halt mit dem Mädel!) rettet da nichts mehr, macht den Fall eines Schriftstellers noch peinlicher! Das im Zeitalter Henry Millers!

Das übrige ist rasch erzählt. Die Frau kommt in einem Stall nieder, wickelt das Kind in Windeln und legt es in einen Koffer. Nahegelegene Hirten – dümmliches Pastoralmotiv der hinterletzten Vergil-Nachfolge – sehen zur gleichen Zeit einen Engel, der sie – hier versucht Lukas seinen biederen Märchenton durch penetrantes Pathos aufzumotzen – in den Stall schickt, das Kindlein zu schauen; was sie auch tun, jedenfalls endet das ganze so erfreulich realistisch angetretene Epos Lukas' mit einem mehr als seichten, hinter Hölderlinscher und Georgescher Hymnik zudem weit zurückbleibenden Lob Gottes. Geschwafelt wird ermüdend von »Ehre«, »Höhe«, »Friede«, »Menschen«, »Wohlgefallen«. Etc. Etc. Der typische Verbalramsch, der Jargon der Innerlichkeit, den wir doch ein für allemal überwunden geglaubt hatten.

Lukas' Werk bleibt genau das versagt, wessen es sich unausgesprochen keck-kokett rühmt: Pep, Chuzpe, kosmische Schauer und jener Hauch von zufriedenem Grunzen, der eigentlich die Festtage überschatten sollte. Reflektiert wird auf ein in Permanenz dummzuhaltendes Publikum: Gravierende Zeitprobleme wie etwa die Investitionslenkung, die ökonomische Situation der Hirten in der heraufdämmernden Industriegesellschaft und die Frage, ob nun Hansi Müller wirklich der deutsche Spielmacher sein könnte, solche konkreten Sachfragen spart der Autor restlos aus. Vollends finster wird's aber, wenn der Suhl- und Schlamp-Verlag auf einer Pressekonferenz via seinen Medienreferenten Bernhard Rösselmann, der dazu auffallend unentwegt Obstler ausschenkte, eilig ausposaunt, die Virulenz von Lukas' Prosa, die doch allenfalls mittleren Handke-Standard erreicht, sei geeignet, die Menschheit zu erlösen. Tscha! Sage und schreibe! Diese PR-Strategen schrecken doch vor nichts mehr zurück!

DIE BETTWÜRSTE WERDEN IMMER FRECHER

In der letzten Zeit häufen sich wieder die Klagen über die *Frechheit* der Bettwürste. Überall, wo man hinkommt, sind schon welche da. Mit der Zähigkeit von Schweizerdeutschen, mit der Brutalität von Greisinnen und mit der Taubheit der Pilgrim-Fathers lagern sie quer über das untere Bettende, die Beine locker übereinander verschränkt, den Blick zur Zimmerdecke gerichtet. Sind weder durch gute noch durch harte Worte zum Abgang zu bewegen.

*

Kommt so ein hoffnungsvolles Duo, so ein frisch vermähltes Doppel nach Hause oder, sei's, ins Hotel, hat die besten Absichten, will optimal rangehen, was passiert? Schon liegt eine Bettwurst *quer*, entnervt die besten Kämpfer. Ein mit Worten kaum zu beschreibendes Gefühl von Mutlosigkeit, Tristesse und einer Prise Humor ist Erfolg und Ausbeute des Abends, des so gut begonnenen, des sternumsäumten.

*

Na ja, da liegen sie dann also: denkarm, ohne Witz, fast gleichgültig, nach oben *stierend*, ab und zu auch seitwärts, am Kinn sich kratzend, vom Weiß des Linnens faltenreich umspielt. *Statik* scheint ihr Wesen, von einem Tag zum andern. Arme Seelen? Neinneinnein.

*

Allzu voreilig wäre es auch, die Bettwürste als Sendboten, als irdische Emanationen des Ganzanderen zu interpretieren. Aber auch die großen Kirchen sind, wie sich herausgestellt hat, keineswegs die Auftraggeber. Eher könnte man sich schon vorstellen, daß die Bettwürste freireligiöse, oft hochgebildete, moralisch freilich ambivalent schwankende Persönlichkeiten des öffentlichen Lebens sind, die . . . nein, stimmt *auch* nicht.

*

Was nützt die schönste Wissenschaft, was soll die »Technik der Liebesvollendung«, »Rassige Stellungen« und »Auch du erzwingst das Glück noch« – wenn, kaum ist es gelesen und gefressen, der große Stopper *schweigend* eingreift?

*

Wie aber war es denn früher? Unsere Großeltern haben die Bettwurst eingelegt, damit die Füße höher lagern und so, nicht selten in Kombination mit der *Wärmflasche*, den Kreislauf auf Trab halten, an noch lustigere Dinge war schon nicht mehr zu denken. Heute ist es umgekehrt. Die Bettwurst hemmt den Kreislauf. Die Welt verändert ihr Gesicht.

*

Und wenn man sie einfach übersieht? Tut, als ob sie nicht da wäre? Ein Tip von Frau Johanna Knott, Frankfurt.

*

Oft heißen sie *Hermann*, oft *Kersten*, oft *Erich* – hin und wieder hören sie auch auf Namen wie *Gonzales* oder *Surehand*. Einer soll jetzt sogar seinen Doktor gemacht haben, *Dr. Alfred Hund*, er sorgt in Mainz für klare Abwehr. Man muß sich wirklich fragen, ob dies eine sinnvolle Fortführung des Studiums mit anderen Mitteln ist. Wir meinen: für diese »Herren« hätte sich der Staat das schöne Geld sparen können.

*

Aber der Kanzler, auf die Verschleierung der Widersprüche bedacht, will von den Bettwürsten am liebsten *gar* nichts wissen. Typisch.

*

Während die Herrenwelt oft eine Zeitlang verbissen gegen die Bettwurst ankämpft, übt diese auf Weiber nicht selten sogar eine *unwiderstehliche Faszination* aus. Da ist keine, da ist aber auch nicht eine, die . . . (!) . . . und dann wird die ganze Nacht mit ihr durchgekichert . . . und . . .

*

Nicht ist bekannt, daß die Bettwürste irgend organisiert wären noch nach einem von höherer Instanz erarbeiteten *Plan* zum Einsatz gelangten. Es wird halt evt. so sein, daß die Bettwürste untertags die Lage flüchtig sondieren, sich dementsprechend übers weite Land verteilen, um sich dann frei Schnauze irgendwo niederzulassen. Um für Wochen, Monate am Bettende zu wachen, brüten, dösen.

*

Und untertags die langen Blicke über Meer und Heide! Die Eiche raunt, der Fluß vergreist, schöner sang die Nachtigall. Schon geht es wieder an die Arbeit. Das *Seufzen Gottes* darbt am Wegesrand.

*

Gut, es gibt einen Film über die Bettwurst. Hat es genützt? Die Botschaft hörten manche wohl, allein, es fehlte jenes Etwas, das allein . . .

*

Natürlich, man könnte theoretisch mit der Bettwurst auch Skat spielen, Watten – oder ein paar Glas Bier zu dritt trinken. Allein, Humanität, Toleranz, Freundschaftssignale würden ja die Wurst keineswegs flexibler, nachgiebiger machen, sondern hocherfreut würden diese Herren womöglich jeden solchen Akt als Einverständniserklärung auslegen – und noch *treuer* und *inständiger* Beistand leisten als zuvor! Und das soll dann die »Keimzelle des Staates« sein, dieses höllische Trio! Wessen Interesse wird hier eigentlich vertreten, muß man schon erneut sich fragen!

*

Sexualfeindlichkeit, Statik und Zynismus sind Hauptkomponenten im Syndrom der autoritären Persönlichkeit.

*

Die Minuten vor dem Eintreffen der Opfer. Schwüle atmet überm Raum, Lichter fingern hin zur Wand. Vor dem Fenster, in dem Rosengarten zirpt allein die Grille noch ihr ewig Lied. Auf den Straßen in der Stadt: unter letzten Flüchen stirbt der Menschen laute Lust. Knarzt der Schrank? Silbern geußt der bleiche Mond sein bleiern Licht über den Lieger. Sanfter, doch entschlossener werden die Züge. Denn gleich wird es ernst.

*

Gut, da lernen sie also jetzt in der Schule den Gesundheits- und den Geschlechtsatlas, sie kriegen sogar den Günther Amendt in die Finger – aber das Wichtigste? In unseren Lexikas: Seitenlange Spalten über die Bettdecke, die Bettflasche, das Bettgestell, das Bettgewand, das Bettzeug, das Bettlaken, den Bettschirm, die Bettstatt, die

Bettstelle, das Bettuch (bei Silbentrennung Bett-tuch), den Bettüberzug, den Bettvorhang und sogar das Bettstroh. Hah! Doch nirgendwo ein Hinweis auf das – Wesentliche! Die Regierung schweigt. Wissenschaft und Buchkritik haben gleichermaßen *versagt.*

*

»Marina, Marina, Marina, ti voglio più presto sposar!« Nützt nichts, Kamerad Spaghetti, nützt nichts. Wie? »Lasciami quest' ultima illusione!« Na ja, wie meinen, Depp!

*

Freud, der als erster dem Bettwesen sich *wissenschaftlich* näherte, glaubte, wie wir heute wissen, dennoch nicht an dessen Neuerung und Revolution. Ein kühler Kopf, ein weitschauender Mann, wie wir heute gleichfalls wissen – und am Ende selber eine Bettwurst?

*

Wie aber, wenn der rechtmäßige Inhaber des Betts, sei's nach Wochen, sei's nach Jahren, sei's aus Sympathie, sei's aus Dämonie, eines Tags sich *parallel* zur Bettwurst legt? Das ändert nichts. Die Grundstellung – zwei Mann parallel, einer *lotrecht* – bleibt erhalten. Das ist der Trick. Die Änderung ist *scheinhafter* Natur.

*

Als Franz Kafka es seinerzeit mit Milena Jesenská in Brünn genau wissen wollte, erfolgte sofort der Einspruch einer Bettwurst. Fett wie das Karpatenmassiv lag sie quer, wälzte sich trostlos hin und wieder, ein paar Finger zur Seite und wieder retour, rülpste leise vor sich hin. Kafka gab sofort auf (vgl. die gleichnamige Erzählung), studierte das Gesetz (vgl. die gleichnamige Erzählung), trug sich mit Abwanderungsträumen nach Amerika (vgl. den gleichschenkligen Roman) und versuchte noch Jahre später verzweifelt, der Bettwurst mit der Erzählung vom Bauernfänger (vgl. die gleichnamige Erzählung) beizukommen. Noch später *starb* Kafka. So geht's immer.

*

Der Veteran unter den deutschen Bettwürsten ist – jetzt kommt alles auf, jetzt kommt alles auf! – nein, ich trau mich nicht, ich trau mich nicht – – –

*

»Die endgültige Aufhebung der Wirkungen jahrtausendealter Sexualunterdrückung und die Errichtung eines befriedigenden, die Neurosenseuche aufhebenden Sexuallebens der Massen wird erst dann möglich sein, wenn die sozialistische Wirtschaft in der Welt hergestellt sein wird.« Meint Herr Ernst Parell. Im Ernst stellt sich dann freilich die Frage, wohin mit der Wurst.

*

In gewisser, verschwiegener und dennoch ganz taufrischer, unverhohlener Weise ist die Wurst das defensiv *molochische* Gegenstück zum Wibblinger, sein statischer und temporär remilitarisierter, pardon: reanimierter ... rematerialisierter *Vetter*, sein allzeit bereit konvergierender Helfershelfer, sein ... schmarotzend-*malochendes* Komplementärphäno ... Gott, o Gott! Torna, Piccina mia!

PETERSPLATZ 1974

Anläßlich seiner Osterbotschaft 1974 auf dem Petersplatz in Rom sagte Papst Paul VI. vor 250 000 Menschen, alle, die »das Vergnügen und das eigene Wohlergehen zum höchsten Ziel ihres Lebens« machten, täuschten sich selbst. »Genußsucht und Luststreben« seien nämlich die »Philosophie und Enttäuschung des Todes«.

Nun, zugegeben, der Papst kränkelte in der Karwoche ein wenig und war nicht ganz fit, aber so geht es natürlich nicht. Was aber hat der Hl. Vater nun wirklich gemeint, wie könnte man seinen Satz, der ja gar nicht schlecht anfing, richtiger machen?

Meinte Paul vielleicht die »Philosophie *der* Enttäuschung des Todes«? Oder warnte er vor der »Philosophie *der* Enttäuschung *und* des Todes«? Hat der Pontifex lediglich eine »enttäuschende Philosophie« bzw. eine »philosophische Enttäuschung« oder vielleicht eine »tödlich enttäuschende Philosophie« im Sinn gehabt? Den »Tod der enttäuschenden Philosophie«? Oder gar den »philosophisch enttäuschenden Tod«?

Fragen über Fragen. Wollte der Hl. Vater vielleicht nur sagen: »Die Marxisten haben das Pulver auch nicht erfunden?«

Nichts von alledem. In Wirklichkeit plädierte der Papst dafür, angesichts der bevorstehenden Weltmeisterschaft das Mittelfeld mit Rivera, Mazzola und Chaniglia zu besetzen, Boninsegna aber solle zurückhängende Sturmspitze spielen, und Facchetti sähe er gern als Sonderbewacher Gerd Müllers – ansonsten würde die Squadra azzurra demnächst philosophisch auf den Bauch fallen und eine tödliche Enttäuschung erleben, saecula saeculorum.

Womit der Hl. Vater, wie sich wenig später herausstellte, nur zu recht hatte.

SEIN UND WESEN

»Später, wenn wir in der Kultur unserer Freuden geschickter geworden sind, kommt es vor, daß wir uns mit der begnügen, an eine Frau zu denken.«
(Proust, Du côté de chez Swann)

»Und nicht einmal das.« (E. H.)

Was ist eigentlich der Unterschied zwischen Sein und Wesen? Nun, die Frage zu beantworten, heißt zunächst, sie zu stellen. Also: Was ist der Unterschied zwischen Sein und Wesen? Schwer zu sagen. Denn das Sein z. B. von mir, wie ich hier sitze und müden Haupts und vollen Sacks vor mich hin in meine Schreibmaschine hämmere, ist eben, daß ich vor mich hin wese, um nicht zu sagen: verwese. So wären also Sein und Wesen identisch? Mitnichten, nichts weniger als das. »Das Sein und das Nichts«, sagt Sartre – aber das hilft uns hier wohl auch nicht weiter. Immerhin: er sagte nicht »das Wesen und das Nichts«. »Kein Wesen« nämlich, lehrt Goethe, »kann zu nichts zerfallen.« Bravo! Da haben wir es schon, den Unterschied oder was, immerhin: was.

Das Wesen scheint wesentlich (aha!) das Unsterbliche (Entelechie), das Sein das Zeitliche (Television); wie ja auch Heidegger sagt: »Sein und Zeit.« Dann wären also Sein und Zeit identisch? Der Heideggersche Titel meinte also offenbar die Identität des Identischen? Ist das nicht schön? Schön und sonderschön? Ist das nicht irgendwo wie der Offenbarungseid von allem und jedem? Was aber ist die Identität des Wesens? Bzw. die Wesenheit der in sich selbst gespiegelten identischen Intelligenz? Die Existenzphilosophie weiß darauf freilich ebensowenig Antwort wie die Kritische Theorie, woher denn auch?, die haben doch noch nie gespurt, wenn es aufs Ganze ging! – fragen wir also die Ganzheits- oder Substanzphilosophie, als deren wuchtigsten Vertreter seit 1966, als er sie nämlich in dem von ihm sogenannten »grandiosen Jahr« entdeckte, wir hiermit Oskar Gnaadl-Eibenstock im Stadion begrüßen. Oskar Gnaadl-Eibenstock hat vor vier Wochen das Rauchen aufgegeben, damit er fit bleibt für die kommenden schweren Wochen, zum Interview aber steckt er sich jetzt doch wieder bildsauber ein Rettchen zwischen die keilergroßen Zähne. Alsdann:

»Das Sein«, extrapoliert Gnaadl-Eibenstock, »ist, wenn du das Wissen bzw. das Wesen oder die Weiber . . . nein, anders: Das Sein im Verhältnis zum Wesen ist, wenn du die Existenz bzw. die Substanz in Beziehung setzt zum Leben reziprok allgemein. Bzw. ich erklär dir's am besten an einem« (und schon wieder glimmt ein Hölzchen auf) »Beispiel. Also: Wenn der Dings, der Beckenbauer jetzt nach Dings, nach Amerika geht zum Cosmos, dann ist das natürlich – natürlich! – eine Schwächung a) von Bayern München und b) meines Seins und Scheiße für mich als Staatsbürger und Fernseher und alles, klar – aber mein Wesen, mein Wesen wird davon zunächst – *zunächst!* – nicht tangiert, weil ja der Fernseher bzw. halt: der Beckenbauer – Mensch, ist mir schlecht! – in seinem Sein oder Bewußtsein, nein, besser: Sein . . . nein: ganz anders! Wenn der Beckenbauer nimmer spielt, ist ja die Substanz weg aus der Mannschaft – was will er denn, der Schön, der blöde Hund! –, und es ist also blöd und alles Scheiße, aber *so* ist natürlich mein bzw. unser Sein *auch* Scheiße – aber das Sein *und* Wesen Beckenbauer, also seine ganzen Tricks und seine Persönlichkeit, haben halt unser Sein – wie soll ich sagen? – haben halt bisher garantiert, daß das oder unser Sein *nicht ganz so* Scheiße ist! Jawohl! Aber ehrlich!

Aber jetzt – bei gleichzeitigem bzw. gleichbleibendem Wesen, denn ich bin ja derselbe Seiende, also: Oskar Gnaadl-Eibenstock! – ist mein Wesen natürlich gedrückt . . . halt! Alle Mann zurück! Ihr Rübenschweine! Halt! Das Sein ist ja auch das Bewußtsein – mein Bewußtsein! – und Bewußtsein kommt ja von ›gewußt wie‹ bzw. ›Wesen‹ – und das ist vom ›Wesen Beckenbauer‹ indirekt abhängig oder proportional oder wie, und jedenfalls – Mensch, einen Rausch hab ich auch schon fast wieder! O weh! Brrr! – ich in meinem Wesen als Fernseher meine, daß meine Seins- und Wesenszüge jetzt noch mehr einge . . . eingeengt sind, sich oder ihnen zu entfalten. Also, bisher war meine Existenz *trotz* Substanz – Beckenbauer! – Scheiße, aber jetzt – bei identischem Wesen – ist's schon . . . hm: jetzt hab ich's, jetzt hab ich's: Jetzt ist es schon, Kamerad Schnürschuh, *ganz große* und *ganz besondere* Scheiße!«

Danke, Oskar Gnaadl-Eibenstock – was zu beweisen war. Täusche ich mich, oder umsäumt da nicht wirklich, hell und dämmernd-diesig, ein Heiligenschein, ein Nimbus, eine Gloriole dieses Haupt? Bald wird er der Welt abhanden kommen.

KURZ: EIN SKANDAL

Mit den Hunden sollte einmal eine Aussprache anberaumt werden. Kaum ist im Humanbereich mal alles friedlich und in Ordnung, schon mischen sie auf und drängeln sich vor. Bzw. ich meine, wenn es uns eines Tages doch noch gelänge, das verlorene Paradies wiederzufinden – ich fürchte, alles würde erneut an den Hunden scheitern. Vor allem an diesen großen. Sitz ich da neulich so im Walde und sinn ein bißchen vor mich hin, wie gut ich es doch habe und wie still die Erde ist, Dämmrung wollte die Flügel spreizen, aus der Heimat hinter den Wipfeln rot, da kamen die Wolken her – mit ihnen aber ausgerechnet ein riesiger, zottiger, vierschrötiger Bernhardiner, und was macht er? Mit großem weichem Pathos gibt er mir die Pfote und will mit mir in die Welt hinein ziehen und Freud und Leid teilen! Oder auch in der Eisenbahn: kaum sitzt man gemütlich im Coupé und sieht ins weite Land hinaus, schon steht wieder so ein eisgrauer Hirtenhund auf weiter Flur und regelt den Verkehr. Und in der Kirche ist es nicht anders: kaum öffnet sich der Tabernakel, schon kommt wieder einer herausgeeiert, Schaftstiefel, Melone auf der Birne, Regenschirm, Spazierstock, wie der cleverste Dandy . . .

Jaja, mit unseren scheint's gutmütigen Vierbeinern sollte mal ein deutliches Wort gesprochen werden. Nötig wäre, mit ihnen mal klipp und klar Fraktur zu reden. Und dabei sollte unsererseits durchaus eine scharfe Klinge geführt werden. Z. B. eine nagelneue Rasierklinge! Denn so was mögen sie gar nicht gern, die Mistkrüppel . . .

ICH WEISS NICHT MEHR EIN UND AUS

Eine Frage an Lebensberater Dr. Heimberg

Frage: Herr Doktor, ich weiß nicht mehr ein noch aus. Ich bin seit 15 Jahren glücklich verheiratet, aber meine Frau bekommt keine Kinder. Das habe ich aber vor dieser Ehe noch nicht gewußt und vor drei Jahren lernte ich Elisabeth kennen und jetzt bin ich Vater ihres jüngsten Kindes. Meine Frau und der Gatte von Elisabeth wissen von nichts. Ich liebe sie sehr. Auch nichts von dem Kind, aber unsere Liebe ist sehr groß. Wir dachten schon an Scheidung und alles. Das ist mein Problem. Was soll ich bloß tun?

Noch dazu, wo ich noch ein anderes Problem habe. Ich habe nämlich seit zwei Jahren einen 22jährigen Freund, und wir verstehen uns prima. Kürzlich erzählte er mir aber, er sei in ein ganz anderes Mädchen verliebt. Obwohl es mir sehr schwer fiel, sagte ich ihm, daß er dann zu der anderen gehen soll. Das will er aber auch nicht. Das andere Mädchen weiß alles und weiß auch nicht mehr ein und aus. Aber sie nimmt darauf keine Rücksicht. Ich liebe meinen Freund sehr und weiß mir keinen anderen Rat mehr.

Zumal mich noch etwas bedrückt. Vor fünf Jahren ging meine erste Frau mit einem andern durch, der leicht ihr Vater sein könnte. Sie ließ mich damals mit ihrem dreijährigen Sohn alleine. Es hat ihr einwandfrei Spaß gemacht. In der Zwischenzeit hat sie ihrem Freund zwei Kinder geschenkt. Nun bin ich schuldlos geschieden, und meine geschiedene Frau hat sich an mich gewandt. Sie möchte jetzt wieder zurückkommen. Ich wohne im Haus meiner Eltern. Diese sind dagegen.

Nun ist nämlich folgendes: An sich bin ich glücklich

verlobt. Mein Vater lebt leider nicht mehr. Meine Mutter lebt mit mir zusammen. Es kam dabei schon mehrmals vor, daß mich mein Verlobter besuchen wollte, während ich nicht daheim war. Eines Tages kam ich früher zurück und traf meine Mutter mit ihm im Bett an. Meine Mutter ist eine ungewöhnlich triebstarke Frau. Ich weiß wirklich nicht mehr ein noch aus. Sie kann nicht ohne Mann leben.

Außerdem gibt es da noch einen dunklen Flecken. Nach 25 Jahren verstehen wir uns kaum mehr. Seit Jahren nämlich fährt mein Mann allein nach Afrika. Er hatte dort etliche Abenteuer, was ich jedesmal erfuhr. Dann wurde er auch richtig gemein zu mir. Meine verheirateten Kinder stehen auf meiner Seite. Ich leide sehr und wäre froh, wenn er bald wieder verreisen würde. Seit fünf Jahren schlafen wir auch getrennt. Es ist keine richtige Gemeinschaft mehr zwischen uns. Letzten Sommer war ich gleichzeitig bei meiner Patentante. Diese wohnt in einem kleinen Dorf. Ihr Mann ist viel unterwegs. Als wir eines Abends zusammen zum Schwimmen gingen, hat sie mich verführt. Sie benützt die Pille. In ihrem Zimmer setzten wir die Liebesspiele fort, bis wir erschöpft auseinanderfielen. Sie regte mich sexuell stark auf, aber darf ich diese Dinge weiter mit ihr treiben? Meine Eltern wissen von nichts.

Aber wenn es nur das wäre! Auf einer Tanzveranstaltung lernte ich einen 38jährigen Jungen kennen. Wir blieben den ganzen Abend zusammen und sahen uns jeden Tag. Ich liebte ihn wirklich. Aber dann hetzte mein Vater den Jungen gegen mich auf. Er sagte ihm, ich ginge mit jedem ins Bett. Meine Oma hielt zu mir. Sie ist glücklich verheiratet. Mein Freund machte daraufhin Schluß. Ich beteuerte ihm, daß er der erste Mann meines Lebens gewesen sei. Umsonst. Monatelang mußte ich an ihn denken. Jetzt glaubte ich, die Sache überwunden zu haben, da läßt er mir über eine Freundin Grüße bestellen. Soll ich mich mit ihm treffen? Ich habe große Angst.

Ich habe nämlich schon mit 16 Jahren geheiratet, nachdem ich mit meiner damaligen Frau sieben Jahre lang gut bekannt war. Aber nach der Hochzeit war unser gutes Verhältnis dahin. Meine Frau begann mir Vorwürfe zu machen. Und dann möchte ich Sie noch was fragen: Mein Mann hat mir zu Weihnachten eine Schallplatte geschenkt, mit dem Stöhnen, das eine Frau beim Geschlechtsverkehr macht. Nun will mein Mann, daß ich auch immer stöhne. Ich stöhne aber nicht dabei. Stöhnen könnte ich schon, aber ich frage mich, soll ich meinem Mann zuliebe stöhnen? Ist das überhaupt noch Liebe? Das ist mein Problem. Bitte helfen Sie mir. Außerdem hat mein Sohn dauernd Bauchschmerzen. Er ist acht Jahre alt. Jeden Morgen übergibt er sich sofort. Nachmittags passiert es nie. Was soll ich tun? Ich habe schon viel versucht, doch mein Schwager und ich sind hilflos. Der Arzt findet die Krankheit nicht.

Ich bin nämlich auf einem Hof aufgewachsen und wurde streng gehalten, doch war ich zuerst sehr glücklich. Nun bin ich jedoch traurig. Ich habe mir nie gedacht, was sich zwischen Mann und Frau abspielt und ereignet. Es ist schrecklich. Als meine Eltern mir nahelegten, ich soll meinen Vetter heiraten, habe ich sofort freudig eingewilligt. Nun habe ich nämlich immer gehört, daß sich etwas ereignet, aber ich wußte nicht, was die Ehe sei. Ich fragte daher am Tag vor der Heirat meine Mutter, wie es sei, und sie sagte es mir. Ich war ganz bestürzt. Am Hochzeitstag mußte ich in der Kirche weinen. Ich wußte kaum, was ich mit meinem Mann machen sollte. Er war dann sehr gut zu mir. Es hat alles noch geklappt, aber dann kam Dieter. Seitdem habe ich eine Scheu. Außerdem finde ich einfach nicht den Mann, mit dem ich mein Leben verbringen möchte.

Zuerst dachte ich, Erwin sei es. Ich bin eine gut aussehende Frau. So wie ich mir einen Mann vorstelle, müßte er ungefähr 35 sein und sanft und durchsetzungsfähig und immer einsatzfreudig. Bei Karlheinz ist das ganz anders. Er ist träge und liebt mich nicht. Außerdem sollte er sportlich sein und gerne wandern. Ich finde, das gehört einfach dazu. Aber mein Sohn hat Rheumatismus und kann sich nicht mehr von der Stelle bewegen. Ich weiß nicht mehr ein noch aus. Auch meine Schwester weiß sich keinen Rat mehr. Harald ist sehr zärtlich, aber seine Eltern sagen, daß ich Gerhard liebe und von ihm sogar zwei Kinder kriege. Auch mein Chef weiß sich nicht mehr zu helfen. Er erwischte mich in einer schwachen Stunde mit meiner besten Freundin und war sehr enttäuscht. Sie ist eine sehr attraktive Frau und stöhnt dabei. Ob die Liebe zu mir groß genug ist? Nachmittags passiert es meistens, da überfällt es mich und ich gebe mich ganz hin. Er ist meist sehr zärtlich und sportfreudig. Oft aber frage ich mich, ob ich nicht in Wirklichkeit seinen Bruder liebe, mit dem ich einmal heimlich eisessen war. Eine Tante hat es gesehen und in der ganzen Nachbarschaft herumerzählt. Sie könnte meine Mutter sein und treibt es sogar mit Negern. Mein Vater hält zu mir und liebt Tiere sehr. Neulich im Radio habe ich mich unsterblich in die Stimme von Rudolf Schock verliebt. Meine Freundin dagegen schwört auf Roy Black. Jetzt sind wir uns entfremdet, die sexuelle Erregung bei uns klappt jetzt nicht mehr so gut und ich kann auch dabei nicht mehr so stöhnen wie früher, denn meine Empfindungen Horst gegenüber sind abgeflaut, seit er sich mit Carmen im Chinarestaurant vergnügt. Es ist nicht die wahre Liebe. Zudem meine kleine Adoptivtochter mit fünf Jahren immer noch Bettnässerin ist. Sie heißt Nina. Unsere Liebe ist sehr groß, aber meine exhibitionistische Großmutter steht zwischen uns. Was soll ich tun? Ich sehe kein Land mehr! Mein geschiedener Stiefbruder, ein taubstummer Leichenaussauger, vergewaltigt mich täglich, und ich stöhne dabei sogar vor Wollust, und sein Saufkamerad, ein nekrophiler Flachwichser, läßt sich gleichzeitig einen runterholen. Helfen Sie mir! Ich halte das nicht länger aus! Mein gelbsüchtiger tierlieber Großvater kommt in meine Vagina nicht mehr rein und mein 12jähriger Großschwager, ein polizeibekannter sadomasochistischer Kotfresser und Scheißebauer, nicht mehr raus. Ich weiß nicht mehr ein noch aus. Meine Schwippmutter meint, es sei wahrscheinlich die wahre Liebe nicht. Sie ist eine abgetriebene Blumenliebhaberin und kaut an ihren Fingernägeln. Jetzt ist ihr Dackel schwer krank. Der Dackel ist sehr einsam. Gegenwärtig gebe ich mich Erich hin. Erich ist 14, kastriert und geschieden. Gleich erscheint Monika und wird mich mit Struppel überraschen. Ich möchte eine gute Mutter sein. Oh, da kommt Pater Guardian! Mit der Peitsche! Helfen Sie mir! Bitte helfen Sie mir!! Schnell!!! Brief-Rückporto liegt bei.

Dr. Heimberg rät: Weitermachen. Freiheit ist nur denkbar als Realisierung dessen, was man heute noch Utopie nennt (Herbert Marcuse).

WIE FUNKTIONIERT DAS?

Frage: Wir alle, die wir nicht komplett auf den Kopf gefallen sind, wissen, daß, wenn der Bundeskanzler zurücktritt, er es zuerst dem Bundespräsidenten sagt und sich bei diesem abmeldet. An wen aber wendet sich nun der Bundespräsident, wenn er selber kein Land mehr sieht? Wäscht eine Hand die andere? Oder wie lautet in diesem Fall die polizeiliche Vorschrift?

Die richtige Antwort lautet: Bzw. in diesem Fall gibt es mehrere Lösungen. Garantiert falsch ist ein Eilbrief an die trotz ihrer Reize – hmm! – doch letzten Endes unqualifizierte Frau Bundestagspräsidentin Renger, die es ja doch nur dem Parlament stecken würde, und was können diese 500 Mann hoch herumsitzenden Pfeifen schon mit so einer hochbrisanten Botschaft anfangen? Keine Stunde später würde es schon die ganze Presse wissen und der Reiz wäre weg. »Soll er doch abhauen«, wäre sicher der hämische Kommentar, und der Ostblock hätte seine Freude, der Hund.

Richtig ist vielmehr, daß der Präsident zuerst einmal ein Wörtchen mit seinem Herrgott redet, kommt dabei nichts raus, soll der Präsident anonym bei dpa anrufen, daß jetzt bald eine Bombe platzt, nämlich der Präsident sei auch nicht mehr der jüngste und gesündeste, dann soll der Präsident warten, bis dpa beim Präsidenten zurückruft, dann soll er sich ein Weilchen zieren, aber klar durchschimmern lassen usw., daß . . .

Hat der Präsident Glück, sitzt eines Tages ein neuer Mann an seinem Schreibtisch, und er ist wieder ein freier Mann. Klappt der Coup nicht, soll er, egalweg wie's ankommt, an die Paulskirche schmieren: »Der Präsident tritt zurück/Er mag nicht mehr/Kein Stück/Ade, es wär so schön gewesen.« Vielleicht tritt daraufhin das kompetente Gremium auf ihn zu und stößt ihm das Messer ins Herz, es ist, als sollte nur die Scham ihn überleben (Franz Kafka). Haut auch das nicht hin, soll er es – aber vorsichtig! – im Außenpolitischen Ausschuß und dann beim Reichskammergericht probieren. Alsdann soll er es dem Libero Beckenbauer anvertrauen. Hat der keine Zeit, weil er gerade das Mittelfeld öffnet, ist der Grande von Großdeutschland-Granada Mr. McKrawatzo dran. Gibt's den nicht mehr, soll der Präsident halt in Gottes Namen beim nächsten Neujahrsempfang die Fangfrage stellen: »Was bin ich denn schon?«, und, wenn es niemand weiß, auch gleich die richtige Antwort geben: »Doch nur ein trüber Gast auf dieser blöden Erde. Oder nit?« Kommt auch da statt einer Antwort nur fröhliches Gelächter, dann wende sich der Präsident an Herrn Hans Wieser, 8568 Velburg, Schulstraße 1. Der ist für solche Fälle zuständig.

Die noch stärkere Lösung ist allerdings, daß es sich der Präsident noch einmal überlegt und bleibt. Einen solch säuisch klassischen Belz-Job kriegt er, ehrlich, so schnell nit wieder. Und damit, meine Damen und Herren und sonstiges Leserzeugl, ab zum nächsten Beitrag. Will alles gelesen sein.

ZUR FRAGE DER DRUCKFEHLER

Mit den Druckfehlern ist es wie mit den gelungenen Wörtern – es gibt solche und solche. Lassen uns die einen himmelhoch jauchzen, so treiben uns die anderen höchstens Tränen der Wehmut in die Augen. Wobei insgesamt die mißlungenen Druckfehler leider-leider stark überwiegen. Schon Karl Kraus beschwerte sich zu Recht über die Verhohnepiepelung seiner »Fackel« zu »Ferkel«, Robert Musil seufzte über »Männer ohne Eier« (statt: »Mann ohne Eigenschaften«), der rigide Arthur Schopenhauer schließlich ließ nicht einmal »Ein Pariser in Palästina« statt »Parerga und Paralipomena« durchgehen.

Und heute? Berühmt ist der Druckfehler der Tiroler Landeszeitung aus dem Jahr 1960, Toni Sailer habe in der Nacht vor dem Abfahrtslauf schlecht »gewichst« (statt: »gewachst«) – nun, man merkt die Absicht des Redakteurs oder, sei's drum, Setzers – und ist verstimmt. Noch unqualifizierter der Lapsus der antikleralen ›Süddeutschen Zeitung‹: »Der Bischof segelte auf den Frauen rum« statt »Der Bischof segnete die Frauen und den Rum« – nein, wir finden ihn nicht besonders distinkt. Und auch die vornehme FAZ hätte sich Espritreicheres einfallen lassen können als das »Helmut? Shit!« statt »Helmut Schmidt« im Rahmen ihrer an sich begrüßenswerten Regierungskritik. Noch indiskutabler und eben typisch »Bild«-Zeitung allenfalls der Druckfehler im diesjährigen Neujahrsaufruf: »Man muß wieder mehr Breschnew schlagen!« statt »Breschen schlagen« – hier wird doch der gute alte Druckfehler schlicht und schlimm in den Dienst des Antikommunismus gezwungen! Und der Dumme ist einmal mehr der Leser! Der ist zwar auch so schon ganz schön dumm – aber so geht's jedenfalls nicht! Freilich auch die stramm prokommunistische Gegenseite hat viel Dreck am Stecken, etwa der »Spiegel«, wenn er von »Romy Scheißerle« statt »Schneider« spricht; oder wenn er, süchtig auf kurzlebigen Publikumsapplaus, das »Negerpogrom« zu »Negerkondom« ummünzt . . .

Einfach witzlos finden wir den Druckfehler »Firnschnee« statt »Fernsehen« der Schweizer ›St.-Gotthard-Zeitung‹, und endlich über den Bericht der ›Deutschen Gaststättenzeitung‹ vom Pontifikalamt im Münchner Liebfrauendom mit dem – angeblichen! – Druckfehler »humba humba täterä« (statt »tantum ergo bibitur«) schweigt schon des Kritikers Höflichkeit. Warum dann nicht wenigstens statt »Pontifikalamt« auch gleich konsequent ein kesses »Spontanfickamt«?

Oder handelt es sich hier einfach statt um einen harmlosen Druck- um einen schweren *Rausch*-Fehler?

Es geht aber auch anders. Ausgesprochen nett und sinnig finden wir den Druckfehler »onanieren« statt »adorieren«, weil er ja irgendwo sehr gut hinhaut, oder? Hübsch auch der Fehler »Pumpel« statt »Renger« (d. i.: Annemarie, Anmerkung d. Red.), einigermaßen erfrischend »Bumspokal« statt »Pufflokal« (so geschehen jüngst in einer Zeitschrift, die ich aber nicht nennen möchte, Privatsache . . .) – und ganz im Sinne der Lebenshilfe des »Playboy« ist »Verena liebt am Eiersack« statt »Verona liegt an der Etsch«. Die Krone aber der Druckfehler? Nun, absolut hinreißend schön-schlimm finden wir »Maria Callastwagen« statt »Maria Lastwagen« – oder hätte vielleicht doch »Macht Platz da!« statt »Franz Kafka« die Palme verdient? Nun, wie auch immer, solche (um auch mal einen Versuch zu machen) Druckfehler lassen wir uns gern gefallen! Versuch hat leider nicht geklappt. »Gefögeln« sollte es scheißen.

DIESE KULTUR KANN SICH SEHEN LASSEN

Tag- und Nachtgedanken eines engagierten Beteiligten

Wohl mag überraschen, ja irritieren, daß ein Buch, dessen Verfasser landläufig als kritischer gilt, nicht allein schon in der Überschrift der Befindlichkeit gegenwärtiger und zumal bundesrepublikanischer Kultur ein durchaus akzeptables Zeugnis gibt, sondern auch dem Begriff selber noch sehr wohl etlichen Kredit.

Dem Begriff von »Kultur«, sei's konservativ, sei's progressiv gewendet, mag heute wie je ein Gran Odiosität infiziert sein (und welcher Begriff wäre davon ledig?) – er ist nach wie vor der derangierteste nicht. Zumal dann, wenn er mit Inhalten besetzt ist, deren Integrität ihn rasch dem permanenten Gegeifer jener entreißt, deren Banausie von »Überbau« und »Herrschaft« und »elitär« tönen zu müssen meint und doch nur traumatisch-paranoisch die eigene psychische Malaise decouvriert.

Diese Kultur kann sich, mit einem Wort: sehen lassen; ihr Signum ist Glaubwürdigkeit, und dies auf heterogensten Kraftfeldern. Eine ragend singuläre Gestalt wie die Arno Schmidts, dessen entschiedene Rezeption recht eigentlich jetzt erst (wenn überhaupt!) ansteht, symbolisiert nachgerade solche alt-neue Integrität. Lauterkeit und deren Vermählung mit verwegener, auf den Folien des Mißlingens angesiedelter, hochriskanter, nämlich sehr wohl l'art-pour-l'art eingedenker Artistik statuiert zwar nur *einen* Aspekt des Schmidtschen Œuvres (und dieses steht ja *so* singulär nicht!), aber doch wohl den integralen! Diese Kultur kann – Jörg Drews in der »Süddeutschen« und Karlheinz Bohrer in der FAZ haben wiederholt darauf insistiert – so fatal nicht sein, die einen A. Schmidt hervorbringt und mit verantwortungsbewußter Aufmerksamkeit, ja passionierter Verehrung begleitet – mag auch ab und an schmidt-affinitive, d. h. verschmidtstetymythologisierende Kennerschaft ins modisch Manierierte sich verirren wie hie und da bei dem im übrigen vorzüglichen Fassbinder-Interpreten Wolfram Schütte, dem nicht zum wenigsten es zu danken ist, wenn Fassbinders Terrorismus-Epitaph »Die dritte Generation« (vielleicht sein Opus Maximum!) als das gesehen wird, was es recht eigentlich ist: riskierende Integrität.

Schmidt verwandt, wiewohl, weil weniger spektakulär, kaum analog, läge das (oft als rigid-esoterisch denunzierte) Phänomen Hans Werner Henze: sein jetzt zum 4. Male im toscanischen Montepulciano organisiertes »Cantiere«-Festival (aber der Name »Festival« trügt!) – dazu parallel Henzes gerade (bei S. Fischer) debutierendes Journal »Zwischen den Kulturen«, eine Annal-Schrift, die, integrierend Volten schlagend zwischen Monteverdis Monodie und Volksmusik aus Jamaica, wie kaum eine zuvor die Stringenz des Kausalnexus von sozialistisch-proletarischer Emanzipation und (musikalischer) Schönheit beschwört, inauguriert, ja quasi innoviert. Montepulciano (als Modell) meint heute schon nicht länger vom Snobismus (und Proust fuhr nicht schlecht mit ihm!) arrondierte Sensation – es könnte, im Verein mit dem Periodikum, in Bälde eine Position okkupieren, deren *Idea* in der dezidierten Nachfolge der Kritischen Theorie und Teilen der »Neuen Linken« (nämlich der sehr wohl undogmatischen!) als das energische Austragen gesellschaftlicher Spannungsprozesse verstehen sich ließe, die als Totalität archaischer Kunstpraxis, nicht unähnlich der jüngst uraufgeführten, die Tradition der Buffa reklamierenden Mitspiel-Opera vom »Untergang der Titanic«, Spannungen wären ebenso zwischen dem unreflektierten Kunstschönen und dem lang-starren Blick aufs Kunstengagement wie zwischen Darmstadt und Donaueschingen, pars pro toto, notabene.

In dieser prekären Zone von quasi-janusgesichtiger Doppelfoligkeit, ja Ambiguität sui generis, wären ähnlich die Kasseler Dokumenta zu verstehen, desgleichen couragierte Amalgamierungen wie die Woodstock verpflichtete FMP-Workshop-Reihe »Jazz Now« der heutigen DDR-Avantgarde jenseits der Skrupulösität eines Hanns Eisler – Wilhelm E. Liefland hat in der »Frankfurter Rundschau« eindrucksvoll darüber berichtet: Improvisation, Präsentation und Bigband-Sound at it's best – und das meint nicht weniger als: kein luftleerer Formalismus, kein Schall und Rausch, vielmehr: Musik als Heimkehr, Musik als Findung (und, simultan, Entgrenzung) von Blochscher Heimat.

Taxiert man hierher auch Bölls neuerliche Retrospektive, genauer: »Introversion« von aktueller Historie im Roman »Fürsorgliche Belagerung«; Martin Walsers inständige Herr-und-Knecht-Paraphrase »Seelenarbeit«, welche das Motivsyndrom von »Jenseits der Liebe« ad infinitum perpetuiert und potenziert; endlich Enzensbergers Postulat des utopischen Orts im (abermals: sic!) »Untergang der Titanic« (das bisher wohl konsistenteste Poem des helläugigen Allgäuers!) – zieht man aus diesem Soll-Haben-Aggregat Bilanz, so wird ein Fort-Schritt evident, ein *Mehr* an Integrität, an dem selbst die Bayreuther Festspiele 1979 noch teilhaben, wenn – Joachim Kaiser hat kürzlich den Zusammenhang bemerkt – der fabelhaft begabte Götz Friedrich in »Lohengrin« Elsa eben nicht nur als das prostituierte Prinzip Weiblichkeit, i. e. Lust an der Negation, sondern – mindestens ebensosehr, wenn nicht mehr! – als das Prinzip Hilflosigkeit intendiert, die eben die Hilflosigkeit des *Humanum* eo ipso im Auge (wie im Ohr) hat; ja, ist nicht Lohengrin selbander ein Geschmähter, irgendwie Aussätziger, ein *Out-Cast?* Ein von falscher, nämlich von Herren-Kultur Beschädigter (Mitscherlich)? Keiner sollte es sich mit Wagner »zu leicht machen« (G. Friedrich)! Es gab den sächsischen Lakaien und Parvenü – aber es gibt sehr wohl – auch! – den Reflektor Schopenhauerschen Mit-Leidens (d. i.: Mit-Leid-ens!); ja den Notator sehrwohliger *und* originärer »Mitleidsmusik« par excellence!

Zwar: nach Marcuses (viel zu frühem!) Tod scheint heute Aufklärung resp. Emanzipation gelegentlich zur Platitüde zu verkommen – allein (man lese darauf hin nur einmal die manisch bohrende und rumorende Prosa Thomas Bernhards!) beherrschend, dominant ist nichtsdestoweniger der Gesamteindruck von Wagemut, Konfession und (nimmt man alles in allem) Risikobereitschaft – wo man auch hinsieht: Da ist Alice Schwarzers unerschrokkene »Emma«, hierher gehört Gerhard Zwerenzens ganz der Tradition von Prometheus und Dritter Aufklärung verpflichtete Tucholsky-Biografie mit ihrem Satz für Satz hartnäckig eingelöstem Wahrheitsanspruch – hier wäre auch (allen Unkenrufen zum Trotz, die dieser Autorin eine Krise, ja eine gewisse Sprachlosigkeit andichten; aber was wäre Sprachlosigkeit anderes denn: Demut, nämlich Mut zur Sprache, gerade angesichts der Sprachlosigkeit, gerade angesichts der Brandung ihrer chronisch dämonischen Abgründe?) eine tapfere Gestalt wie Karin Struck angesiedelt, jene tendenziell grandiose Verlängerung politischer Emanzipation ins Zerklüftet-Humane, die dieser Zeile für Zeile um ihr Leben schreibenden jungen Frau das weißgott unauslöschliche Siegel aufprägt.

Freilich, die Risiken, die gerade der Strucksche Roman anleuchtet, sind nicht zu überhören; noch zu überlesen. Recht eigentlich sind diese Romane doch ein ziemlicher Krampf, ja ein rechter Haufen Scheiß. Ja, ist es gewissermaßen nicht sogar unglaublich, daß *ein* einzelner (und noch dazu junger!) Mensch soviel Rotz im Hirn herumträgt – und auch noch abläßt? Noch verheerender allenfalls die ununterbrochenen und – Fritz Raddatz hat in der »Zeit« endlich die (selber schmutzigen) Finger auf diese nationale Wunde gelegt – immer miserabligeren Schreibversuche des alten Bauern- und Dummenfängers Zwerenz, der mit seinen links-linkischen Anbiedereien und Fuchteleien und Stopseleien seit einem Jahrzehnt das Vaterland belästigt und, vor nichts mehr zurückschreckend, zum zahlenden Narren hält. Über Alice Schwarzers im Sternzeichen äußerster Infamie und Betrugsabsicht zusammengeschmiertes Blatt ist sowieso kein Wort mehr zu verlieren – und mit Bölls »Belagerung« haben ja nun fast alle großkotzigen Meinungsmacher schon derart rücksichtslos abgerechnet, daß hier nur noch nachträglich der »stern«-Redaktion der Glückwunsch auszusprechen bleibt: es bedurfte schon ihrer verblendeten Kardinaldummheit und Hirnverseuchtheit, den Schmarren auch noch zum entnervenden Vorabdruck auszuwählen.

Die *vollends* publikumsverachtende Natur- und Intellektualgemeinheit der Thomas Bernhardschen Theater- und Prosastücke ist die mörderischste. Sie steht allenfalls im Schatten von Enzensbergers »Titanic«-Unfug, dessen bumsgescheite Peinlichkeiten (»Schwer zu sagen, warum, heule und schwimme ich weiter«) direttissima in die unwiderleglichste Geistesschwäche treiben und sich in krimineller Obszönität gar noch als Kunst anschmieren, indessen sie ausschließlich die fürchterlichste Schweinerei sind. Daß Bayreuth, seit je obsessionell an der perfid klappernden Geldkasse interessiert, immer noch Esel und Oberesel (und Maulesel!) anlockt, dies Dauerphänomen einer rasenden, nein rasselnden Idiotisierung zu deuten, dies wäre zwar der Geistesanstrengung eines Edlen wert, der aber mit tödlicher Sicherheit nicht Götz Friedrich heißt, ein zutiefst obskurer DDR-Mensch, der für ruinös klingende Münze in den ohnehin bankrotten Westen geschickt wurde, letzte Kulturrudimente infernalisch niederzumachen – in *sehr* odioser Gesinnungsgemeinschaft mit einem sogenannten Romancier Martin Walser, dessen integrale Unappetitlichkeit mit einer eingeborenen charakterlichen Insuffizienz auf das Vernichtendste einherschreitet; zu schweigen von den widerlichst verschimmelnden Kasseler Dokumenta-Rippchen abersuspekter Speiübelkeit!

Was indessen Wilhelm E. Liefland und seinen Workshop-Bimbomusik-Trara anlangt, so erreicht *hier* das rhapsodische Gerülpse über kritische Tenorsaxtheorie, Synkopenrattenhaftigkeit und Infernalinkompetenz ein bosheitsstarrendes Gipfelkreuz an Schreibmaschinenniedertracht. Ihr ebenbürtig an musikologisch-soziologischer Allvernichtungspotenz zeigt sich nur noch das wütende Folklore-Gefurze Henzes, diese verbrecherisch hochplebejisch sich aufführenden kulturvergammelten Gemütsverwilderungen und Violinschlüsselverrottungen eines deutsch-welschen Gesockses, welche die Verlotterung in ganz Italien ebenso hanebüchen widerspiegeln wie auf der anderen Seite Arno Schmidts Romanbestialitäten eine Groß- und Deutschmeisterkatastrophe der großmäuligsten Griffelgräuslichkeit *nebst* Lüneburger Heideverwüstungen – alles in allem eine Lebenslügenboldigkeit, der am Ende der Räuberregisseur und Filmunhold Fassbinder im Verein mit seinem willigen Beelzebub Schütte in unsäglichster Volksverführung die Krone auf die Palme setzt.

Rechnet man (endlich und legitim) hierher auch das unglaublich ordinäre, ja gewissermaßen untergangsgesättigte andauernde Folklore-Gezirp und -Geruckel in penetrant verkommenen ölstinkenden sogenannten griechischen Feinschmeckerlokalen; gleichfalls die zutiefst vulgäre und hoch beschämende Pool- und Boule-Spielerei von frenetischen Frankfurter Freak-Intellektuellen; des weiteren die entsetzlich verödete (und noch mehr verblödete!) Verfassung des deutschen Mittelfelds (Hansi Müller!); schließlich und endlich das ununterbrochene schamlose Hacken und Machen und Grabschen und Grunzen irgendwelcher abgewirtschafteter After-Akademiker (Alfred Habermas! Alfred Schmidt!! Alfred Edell!!) und perverser Pseudo-Professorenprimel und sonstiger Honorar-Subjektwerber und Betrugsvertreter und Katastrophenheraufbeschwörer und Gaudiburschen – dann wird rasch klar, daß es *so* nicht weitergeht; daß diese Kultur einer Revision, einer Reform, womöglich gar einer Revolution bedarf. Und das bedeutet ja bekanntlich *nichts* Gutes. Darum – bevor der Dumm-Russe oder der Sau-Chinese einschreitet – kehrt um! Alle! Sofort und ohne Widerrede! Jawohl, das gilt auch für Sie, Herr Charles Wilp! *Gerade* für *Sie*! Na ja, meinetwegen, Ihre alte Kamera, drei Tittenmuschis und eine Cola-Flasche dürfen Sie beim Umkehren mitnehmen! Aber dann ab ab in die Katharsis! *Alter* Schweinigel!

An diesem Text hat Bernd Eilert mitgearbeit.

DER ALTE CHINESE

»O weiter, stiller Friede!
So tief im Abendrot
Wie sind wir wandermüde –
Ist das etwa der Tod?«
(Eichendorff)

Ein alter Chinese, der schon 1935 zusammen mit Mao den langen Marsch durch den Westteil des Landes angetreten, die blutige Schlacht bei Sütschou mit ausgefochten, endlich die Kulturrevolution durchdrücken geholfen hatte und mittlerweile in der Provinz Yünnan wohnte, fühlte sich Ende der siebziger Jahre von den politischen und ökonomischen Maßnahmen der neuen und fernen Pekinger Regierung aufs schwerste enttäuscht, geschädigt, ja in seiner Eigenschaft als alter verdienter Kämpfer geradezu geprellt und verhöhnt.

Als die Lage des alten Chinesen in seinem kleinen Dorf immer bedrückender und aussichtsloser wurde, beschloß er, nach Peking zu reisen, um dort Beschwerde zu führen über die Maßnahmen der neuen Regierung. Auf daß er die mehr als 2400 Kilometer lange Reise finanzieren konnte, verkaufte der alte Chinese all sein Hab und Gut – Haus, Feld, das geringe Vieh, alles, was ihm im Zuge der Mißwirtschaft der fernen Führung kümmerlich genug noch verblieben war; und er begann, mit dem Erlös als Fahrt- und Zehrgeld, seinen langen, seinen gewissermaßen zweiten langen Marsch.

Oft wanderte der alte Chinese den ganzen Tag, hin und wieder wurde er von einem Gefährt mitgenommen, wenn es gar nicht mehr vorwärts wollte, fuhr er wohl ein Stück mit der Eisenbahn. Insgesamt sechs beschwerliche Monate dauerte die Reise – und als der alte Chinese endlich in der Hauptstadt anlangte, war all sein Geld für Kleidung, Schuhe, die Fahrkarten, Proviant und Logie gerade aufgezehrt. Dennoch guter Dinge betrat der alte Chinese, indem er durch das Tor des himmlischen Friedens schritt, den unermeßlich riesigen und glänzenden Tien-an-Men-Platz, um endlich im Hause des Volkskongresses berechtigte Beschwerde zu führen – vor dem Eingang aber blieb dem alten Chinesen die Erfahrung nicht erspart (und es war wie ein Wetterleuchten, das in Bruchteilen von Sekunden vom Hirn hinab ins Herz kräuselte), daß bereits Hunderte und Tausende herumstanden oder saßen, und zwar aus dem nämlichen Grunde, Beschwerde zu führen wegen ungerechter Behandlung seitens der Regierung.

Da sah der alte Chinese ein, daß all sein langer langer beschwerlicher Marsch vergeblich gewesen war – er verließ also den prächtigen Tien-an-Men-Platz, suchte Zuflucht in einer Seitenstraße, setzte sich mitten in diese, dauerte sich von Minute zu Minute schwerer und begann endlich zu weinen. Zuerst leise und sacht, vorsichtig und fast unvermerkt, dann immer strömender, lauter, lauter, immer lauter und sturzbachähnlicher, immer widerstandsloser und endloser und nimmersatt – zuletzt so machtvoll und herzerweichend, daß sich immer mehr interessierte Menschen um den sitzenden alten Chinesen scharten, um ihm bei diesem einmaligen Weinen zuzusehen oder zuzulauschen, denn es war selbst in dem riesigen Land China ein ungewohnt riesiges Weinen, und sich höchlichst verwunderten. Unter den Zuhörern beim Weinen war aber auch ein westdeutscher Fernsehmann, auch dieser wurde neugierig und fragte den alten Chinesen, warum er denn gar so weine. Als der alte Chinese, sei's aus Schmerz, sei's aus Sturheit, die Auskunft verweigerte, bot der deutsche Fernsehmann 1000 Mark für die Story, falls sie was tauge – so viel könne er, überlegte er rasch, als Informationshonorar für sein 30-Minuten-Feature aus China anläßlich des ersten Staatsbesuches von Hua Kuo Feng (welcher ja eigentlich schuld hatte am Weinen des alten Chinesen, was aber der Fernsehmann noch nicht wußte) in der Bundesrepublik ausgeben, ohne daß die Anstalt groß murrte.

Es kam zu längeren Erklärungen des deutschen Fernsehmannes, die der alte Chinese nicht durchaus alle verstand – nachdem er aber endlich den vorgeschlagenen Handel begriffen hatte, erklärte er sich (und erneut fuhr blitzartig ein Wetterleuchten durch sein Hirn, wenn auch ein kleineres) mit ihm einverstanden. Ließ sich erst einmal in chinesischer Währung auszahlen und begann dann, unter immerwährendem Seufzen und Weinen, welches der deutsche Fernsehmann voll mitfilmte, seine Story zu erzählen, die ungerechten Maßnahmen der Regierung, seinen zermürbenden Marsch von Yünnan nach Peking, sein furchtbares Schicksal beim Beschwerdeführen und endlich seine Einsicht in die Fruchtlosigkeit aller Anstrengungen.

Der Acht-Minuten-Film wurde am 19. 10. 1979 vom Deutschen Fernsehen ausgestrahlt. Der alte Chinese aber begann wieder heim nach Yünnan zu wandern, hielt die Hand scharf auf das Geld und behielt von ihm am Ende gerade so viel übrig, daß er sich sein Haus, sein Land und sein Vieh wieder zurückkaufen konnte, der neue Besitzer gab es ihm sogar mit einem kleinen Rabatt zurück, weil er nämlich mit dem alten Gelumpe auch nichts anfangen hatte können.

Eine Zwischenfrage: Wenn alles beim Alten geblieben ist und sich aufgehoben hat, wenn aber andererseits der Informationshunger der deutschen Fernsehzuschauer gestillt wurde und seinerseits der alte Chinese durch die Wanderung seine Gesundheit stärkte, siehst du wohl, wie das Gute in der Welt ständig zunimmt?

NEWS FROM GRENDEL

I

Grendel was a grim wild monster and his heart was full of anger and the desire for blood. That's the fact. Everyman was afraid of him. He lived in Dane.

2

Grendel's greatest enemy was an old hero named Beowulf. For twenty years he hoped to pack the dragon und so to deliver the mankind from a big nogood. But Grendel was careful and he always stroke Beowulf back. The fight most finished fifty-fifty, though Beowulf had a sword and Grendel only his strong legs and his green-green swife.

3

Grendel's preferred meal were always young maiden girls in the circumstances of innocence. Oh, what tasted they excellent! Grendel's heart was sometimes so angry, that he caught them, ate them, kotzed them and ate them once more. Mmm! Mmmpf! Krrssschn!

In his elder days Grendel changed for a short time to eat old boys: Clergymen, statesmen, lawyers. So he hoped to get healthy, wealthy and wise. But this was not. Grendel remained stupid.

4

What's about Grendel's sex? Now, the Grendel-Research is going conform, that Grendel was no good lover. There was no right partner for him. Although in warm spring-days a dream often visited the monster, that love would be a fine thing. But that losed themselves in age more and more.

5

When a part of the Pilgrimfathers went out to America, they losed the right direction and came to Dane. To this smiling Grendel only had waited. Nothing rested.

6

In the first Roughnight of the year 651 Beowulf risked once more to attack Grendel's höhl. Assisted with a rott of farmers he went to the place and called: »Go away, Grendel, you are a plag, which we cannot nead in our liberty-willig land!« Brumming Grendel quite slowly appeared in front of his home, saw that Beowulf would kill him, and because he was tired, he did not want to fight. »To morrow, Sir, every time!« he cried. So Beowulf had to search the wide.

7

But just so was it vice versa. Still in the night swore Grendel, to murder Beowulf next day. But there was no success in Grendel's idea. When Grendel arrived Beowulf's castle, full of the desire for blood, he got told, that Beowulf had started to Tirol, to help the Tiroler against Napoleon. Later on Beowulf died in high age a natural death, top respected by his neighbours and his landsmen and quite quiet in his bed. Grendel had the nachseh.

8

Who were Grendel's parents? Now, his father was called Old Smoky and worked as a centerguard of King Marke, the mother of Grendel was the daughter of a famous Egyptian sunking and wegsleppt by pirats. The young peoples got notice one from another in Norge. So Grendel could be born. But there was no blessing on his life . . .

9

In the year 709 Grendel went out to snap an tender young maiden girl to fress her. But he might go and go, look and look: he found no. So he got angry and angrier and always angrier, angrier than ever before. At last he went home again.

10

Another mischief of Grendel was: he could not pack men, who belonged to the new religion Christendom. Once, in the year 1117 Grendel flacked in front of his höhl and reflected his old life, which had been completely in vain. In this moment a vicar came the way to walk a little. »Good heaven«, thaught Grendel, »today is what falling!« Much too late the vicar saw grim Grendel, he was filled with cold graus, fall to earth an cried to his God, he might save him, he would also never homely wix.

In the same minute Grendel noted his anability to kill the vicar because of the cross over his wams. Grendel rised and crept to the bibbering man: »Oh vicar«, he said, »don't be anxious. Christians I cannot do anything. They are sure because of the Cruzifix on their neck. I am a Heide. Sorry. By!« Said it and trolled back to his höhl.

11

So with the rising of the new time it could not miss, that Grendel got more and more curious. The new developements (Cathedrals, French Revolution, Technology, American Independence Day) he could no longer understand. So laying in front of his höhl he dreamed and gloomed and bruted of the fine and friendly old times and more and more tears ran dirtily over his ugly face.

12

Surely, Grendel all his life had been a bad person. Bad person, very bad person, yes, but what's up? No one of us is sine fault. Isn't it? No one throw the first stone!

13

With a last strong effort old Grendel decided passionately to write his confessions. But he couldn't hold the pen in his mouth. So I have done it.

14

Finally, when Grendel saw Death come (1874), he layed down and called his suns together, to publish his last will. But there came no, because there were no. Grendel noticed it, and quite content he spoke to himself: »Never mind, Grendel, old monster! When all my life I was luckless, wouldn't it be not strange, if in the last moment I should be favorated by fate?«

After this Grendel lived still seven years, joyless, despised and rejected by the whole mankind. But all's well, that ends well. When Grendel endly endly gave back his granty seel to the Lord, northern Europe was released by her greatest moving potatoe. Peace came over Dane and hold – until Prince Hamlet murdered his motherfucker.

COCO 80

*Die Steinhuder Rede von Helmut Schmidt**

Freaks! Tussis! Fans!

Wenn dieser bescheuerte Planet seinen nächsten Trip um den Stern geröhrt hat, dann läuft, Fans, die Bundestagswahlkiste wieder voll durch. Der deutsche Plebs macht seinen Krakel darüber, welche Greise und Schleimis für die nächsten vier Jahre in den Hohen Bonner Schuppen drücken – und welche dicht oder die Mücke machen müssen. 1980, da kannst du heute schon arschklar drauf abfahren, wird dieses Kackland unheimliche Vibrations kriegen – und zwar vor allem aus dem Stußgrund, daß die Christentypen uns diesmal einen Kandi hingeklotzt haben, der wie nichts Gutes auf den Putz hauen und rumbohren und sich reinschaffen wird; unser alter Scene-Crash-Man Franz Josef Strauß.

Logo, vorerst macht er noch auf dufte und echt gut und noch keine Troubles – jetzt macht er noch auf echtes Feeling für euch Hänger und irgendwie auf Jugendkiki. Das macht er ganz cool, gebongt. Wie ein echter Gent. Aber sogar die jüngeren Typen unter euch, die politisch noch nicht so voll durchblicken können, sogar die sehen doch

* *In ganz offensichtlicher Anlehnung an die berüchtigte »Sonthofener Rede« von Franz Josef Strauß hielt Helmut Schmidt unlängst im Disco »Sponti-Lollipop« in Dingswede am Steinhuder Meer eine von der SPD-Baracke als Modellversuch »Coco 80« eingestufte Rede vor 120 Zuhörern. Ihr Text ist nicht allein für die Kalamitäten der SPD signifikant, angesichts der Entpolitisierung und des Rechtsrucks großer Teile der Jugendlichen neue Wählerschichten zu rekrutieren; ihr Fatales gründet mehr noch in einem Geist der Pragmatik, ja Anpassung, den freilich Hellhörige bei der SPD schon seit Mitte Juni 1962 wittern mochten.*

ein, daß der Mann euch nur eine Show vorzwitschert und dumpfe Stories erzählt. Der Sound ist link, Leute! Total null! Strauß ist und war echt immer der Message-Mann der beknacktesten Chauvis, der Profitgeilis und der Multi-Absahner – auch wenn er jetzt den verhärmten Sozial-Softi abzieht. Der steht doch weder auf euch Freaks noch auf Disco noch auf was sonst so in der Szene läuft! Der flippt euch doch nur auf die neue Rechtsscheiße ein, törnt euch an und macht den Stimmen-Reibach!

Was hat er nicht, shit, alles gedreht und gefummelt die letzten dreißig Jahre und an Geseire gemotzt und schattig herumgetönt! Bei unserer absolut bedienten Klasse-Ostpolitik hat er sich einen Satz heißer Ohren geholt, Berlin- und DDR-mäßig hat er mit seinem abgeschlafften Revanchi-Trip voll Rohr in den Eimer gelangt, beim Schleyer-Krisenquack hat er auch nicht echt positiv mitgemischt, sondern sich mit ein paar ausgeflippten Sprüchen verpißt! Die Gewerkschaften hat er immer wieder angesäuert, dafür war er bei den Neo-Faschis der große King! 1969 im Wahlkampf hat er euch Typen voll vergrätzt, hat euch als »Tiere« angepißt, »für die von Menschen gemachte Gesetze keine Anwendung finden können« – der Arsch! Der hat doch ehrlich einen Riesenschlag im Hirn!

Im Parlament hat er schon '63 Ärger gemacht und den alten Schnarchern dort Dinger erzählt von wegen nichts zu schaffen gehabt damit. Mit seinem irren Bock auf den Atom-Glimmermann hat er im Ausland Troubles gemacht, mit griechischen und chilenischen Faschis ist er ewig rumgezogen – dann ist er irgendwie nach Afrika rübergewichst und hat sich mit ahnungslosen Medizinwummis knipsen lassen und irre kaputten Rotz über unser People abgelassen – echt Wahnsinn!

Schnecken und Gents, hier hak ich mal ab. Eins aber verklickere ich euch: Wenn dieser total verratzte Bayern-

Chaot 1980 die Power in die Finger kriegt und den Hammer hochhängt, dann steht ihr Typen spätestens im Jahr 2000 derart astrein im Wald, dann ist in diesem Land der Ofen völlig und total aus, dann habt ihr hier in Dingswede eine derart verschattet schlaffe Scene, dann kriegt ihr Hänger und Spinner politisch-feelingmäßig derart eine Pfeife reingewürgt und reingesemmelt, dann erbt ihr derart Taucherbrillen, dann seid ihr so abgefuckt: daß ihr nur noch total ausgeklinkt auf der Matte döst und an der Matratze horcht – oder aber nach Schweden oder Indien oder Italien brettern müßt! Das kann ich euch nur heiser in die Muscheln flüstern! Und weitere 20 Jahre werden abfahren, bis der Schrott-Spasti den Hammer wieder fallen läßt und sein Gedöns wieder vor'n Arsch geht. Bis dahin aber wärt ihr ehrlich tragische Greise und euer »Sponti-Lollipop« voll down.

CDU/CSU – der Laden ist doch ewig schon Ultraarschquatsch von alten Zombies, des sieht doch jeder Spinner klar ein! Die schrägen Rom-Kisten, Fans, die sind doch für dösige Omas, die sind doch für euch gegessen, da regt sich doch niemand mehr auf, der Papst ist doch für euch geschenkt! Nur die Prolis und Analphis draußen in der Hinterscene, die irgendwo irgendwie nie durchblicken und vor der Hölle den Flattermann kriegen, nur die fahren doch noch drauf ab und latschen hin, wenn sie Strauß reihern hören, weil er als der große Single verscheuert wird. Aber – traurig-traurig: Nicht wenige Oberschlaffe unter euch, Freaks, gibt es, die heute genau so einen Satz machen, wenn der Bayernkackarsch die große Schaffe raushängt: Da düsen die heute zum Teil schon wieder echt geil hin und wichsen sich hoch, sobald der Heuler eine seiner Shit-Reden abzieht oder seine Supersession in Passau. Da verlieren die total die Übersicht, und der Strauß macht sie an, schleppt sie ab, reißt sie auf und bumst sie bewußtseinsmäßig voll durch, das hältst du im Kopf nicht aus! Geschweige denn im Schritt.

Leute, seht's ein und verlaßt euch drauf: Der volle politische Durchblick läuft eh nur bei uns und sonst nirgends! Wer überblickmäßig auf die richtige Schiene einflippen will, der klatscht sein Kreuz am Wahlmorgen unheimlich scharf für die SPD aufs Papier – reicht aber auch, wenn er nachmittags um 17 Uhr rum auf der Matte steht. Wer aber von euch Steinhudern jetzt noch auf Brüli-Franz und seine Fuck'n'Rocky-Horror-Penunzen-Show steht und dem Chauvi-Geii voll reinläuft, der ist eben echt tragisch nicht dicht. Alles klar? So, und jetzt könnt ihr wieder aufs Flimmerparkett eiern, eure Pfannen und Öfen anschmeißen und einen Schlag Sport machen.

Bis die Tage: *Euer Coco.*

DIE WUNDERSAME STRASSENFEGERIN IN DER VIA PORTA ROSSA

Sie war Straßenfegerin in Florenz, sie fegte vor der mondänen Profumeria Luisa Spagnoli in der Via Porta Rossa und sie war eine Schönheit. Das lockig blond und aber rötlich braun gesträhnte Haar, wie es allein der Toscanerin eignet; der zarte Wuchs der Knöchelchen; graziles Blaß der Wangen, von der Arbeit sanft gerötet. Die Kleidung schimmerte von Ebenmaß und Eleganz. Beiger Pulli, braunoliver Faltenrock, Absatzstiefelchen rostbraun hochlaszivisch klappernd. So stand sie auf dem Bürgersteig und fegte, was zu fegen war.

War's nicht wie Ahnung einer schön'ren Welt? Das Kind der Arbeit als Geburt der Göttin! Die Paria als Top-Bellezza! Nicht scherten sie Vorübergehende, die auf dem Absatz kehrt rasch machten vor Verwundern. Die Anmut, dienend der Verschönerung, der Säuberung der Stadt. Der Gleichmut, der ihr leicht den Besen schwang! Auf daß die Fetzen flogen! Es war wie eine Offenbarung. So soll's sein. Schönheit ist ein Glanz aus drinnen. Arm und schön gesellt sich gern. Eleganz schreckt vor dem Besen nicht zurück. Passanten hoch zur Freude. Das sollten Berlinguer und Pasolini sehen! Dies Einheitsbild des Alltagswunders! O meraviglia! Was braucht's da noch den Klassenkampf, den blöden! Bella Signorina! Wer dich länger angeschaut mit Augen, der möchte in den Dom Orsanmichele wanken, Zeitung lesen und vor Andacht platzend still verglüh'n . . . Ciao bella . . .

EIN SCHÖNES SPIEL

Zur Versöhnung von Dichtung und Fußball

Zu einem *Fußballspiel* (Harig), wie man es *hierzulande* (Böll) selten erlebt, ja zu einem *Traumspiel* (Strindberg) kam es an einem *wonnigen Donnerstag* (Steinbeck) im *März* (Kipphardt) beim *Endspiel* (Beckett) der *Weltliteratur* (Martini) zwischen der *Mannschaft* (Torberg) und den *Elf Söhnen* (Kafka) im Frankfurter *Wald*(Ostrowski)-Stadion.

Die Aufstellungen:

Der Taucher (Schiller); *Der Kleiderschrank* (Th. Mann), *Der Hochwald* (Stifter), *Titan* (Jean Paul), *Der Koloß von Maroussi* (Henry Miller); *Der standhafte Zinnsoldat* (Andersen), *Der Bär* (Tschechow); *Der Spieler* (Dostojewski), *Sturmhöhe* (Brontë), *Der hinkende Teufel* (Lesage), *Der Gnadenstoß* (Bierce). Ersatz: *Überlebensgroß Herr Krott* (Martin Walser), *Eiche und Angorra* (M. Walser).

Faust I (Goethe); *Der Turm* (Hofmannsthal), *Das Marmorbild* (Eichendorff); *Der Kopf* (Augustin), *Der Hausmeister* (Pinter), *Die chinesische Mauer* (Frisch); *Der Heizer* (Kafka), *Soweit die Füße tragen* (J. M. Bauer), *Der Sturm* (Shakespeare), *Unterwegs* (Kerouac), *Der Hexer* (E. Wallace). Ersatz: *Faust II* (Goethe), *Kopf und Bauch* (Zwerenz).

Schiedsrichter: *Nathan der Weise* (Lessing).

Die *Beschreibung eines Kampfes* (Kafka) läuft in diesem *Fall* (Camus) auf eine *Schlachtbeschreibung* (A. Kluge) hinaus, *der Atem* (Th. Bernhard), *die heiße Luft der Spiele* (Ror Wolf) prägte das *Spiel* (Beckett) von dem Moment an, als die Zuschauer die *Feinde* (Lettau) mit der *Macht des Löwengebrülls* (Achternbusch) begrüßten und wie die *Besessenen* (Camus) anfeuerten. *Punkt ist Punkt* (Wolf) hieß *das Gesetz* (Kafka), *ohne Einsatz kein Spiel* (Schnurre) – so die *Einladung an alle* (Wellershoff).

Trotzdem, *der Mann mit der Stoppuhr* (Gregor-Dellin) hatte zunächst *ein leichtes Leben* (Robert Neumann) und brauchte sein *goldenes Notizbuch* (Doris Lessing) noch nicht zu zücken. *Soll und Haben* (Freytag) vorerst recht gleich verteilt, die *Kombinationen* (Heissenbüttel) liefen wie im *Training* (Herburger), der Tor-*Hunger* (Hamsun) der »Mannschaft« stieß auf die *Zement* (Heiner Müller)-Abwehr der *hartnäckig* (Kroetz) ihre *Festung* (H. Jaeger) verrammelnden »Elf Söhne« – auf der anderen Seite das nämliche: *Alle Tore waren bewacht* (Drewitz). *Mit einem deutschen Paß* (Lattmann) schickte der »Bär« den »Spieler« auf *die Reise* (B. Vesper), der schlug *die Bresche* (Doderer) – *ab durch die Mitte* (Tucholsky) – *unwiederbringlich* (Fontane) das *große Solo für Anton* (Rosendorfer) »Sturmhöhe« – *Unordnung und frühes Leid* (Th. Mann) erstmals in der *Verteidigung der Wölfe* (Enzensberger) – doch mit fast *unsichtbaren Händen* (Krolow) machte »Faust I« den *Schuß* (Puschkin), die *bedeutende Rakete* (Wilde) unschädlich. *Toller* (Dorst) konnt's gar nicht losgehen.

Die »Mannschaft« bevorzugte den *Kreisel* (Kafka), die »Elf Söhne« den *Belagerungszustand* (Camus), die längst *totgesagte* (A. Reinfrank) *fürsorgliche Belagerung* (Böll) nach der Devise *mitgespielt* (Adolf Muschg), *immer so durchgemogelt* (Kempowski). Das konnte *im weiteren Fortgang* (Kunert) nicht gutgehen, der *Gegner* (Joyce) *auf dem Grasplatz* (Tucholsky) war *zu toll* (Tschechow)! *Großer Lärm* (Kafka) unter den *unruhigen Gästen* (Raabe) in der 23. Minute: ein *Mißverständnis* (Camus) zwischen »Bär« und »Titan« – *gefährliches Spiel* (Moravia) im Strafraum – *der Sturz* (M. Walser) des »Hexers«, er fliegt ins *Gras* (Brinkmann) – der Pfiff! War es Elfmeter? *Ja und nein* (Holthusen). *Die Angst des Tormanns beim Elfmeter* (Handke) blieb »Taucher« nicht erspart – *Angst essen Seele auf* (Fassbinder) aber auch dem ausführenden »Sturm« – *Furcht und Zittern* (Kierkegaard) praktisch bei *Jedermann* (Hofmannsthal) im Stadionrund. Anlauf – *Schuß* (Bezyménskij) – doch der »Taucher« bewies bei dieser *Prüfung* (Kafka) in *schwerer Stunde* (Th. Mann) trotz *Blendung* (Canetti) durch *Sonnenglanz* (Eichendorff) seinen *sechsten Sinn* (Konrad Bayer) und daß er ein *Teufel*(Tolstoi)skerl ist: ein schnelles *Untertauchen* (Nizon) *nach dem Ball* (Tolstoi) und – *Glück* (Tschechow) gehabt! *Wir sind noch einmal davongekommen* (Wilder)! *Wer die Erde küßt* (Gero Hartlaub) vor Freude, ist natürlich der Torwart – *über das Küssen der Erde* (Rosendorfer) kann er sich kaum mehr einkriegen! Über dem Schützen aber, dem *Pechvogel* (Lenau), entlädt sich alle *Enttäuschung* (Th. Mann): Der *Kaspar* (Handke)! *Der Idiot* (Dostojewski)! Jetzt trommelt er gegen den *Segen der Erde* (Hamsun), *der Namenlose* (Beckett)! Na ja, die *Nerven* (Tschechow), *ein schwaches Herz* (Dostojewski) halt! *Zeit zum Aufstehn* (Kühn), Schütze »Sturm«, du *Stümper* (Highsmith)!

Indessen, die »Elf Söhne« schienen durch dieses *Unglück des Junggesellen* (Kafka) in ihrem *unersättlichen* (Robbins) *Willen zur Macht* (Nietzsche) nur noch gereizter, weiter ging die *Treibjagd* (Wohmann), sie zeigten ihren ganzen *Sturm und Drang* (Klinger), *ein Glück* (Th. Mann), daß *die Eingeschlossenen* (Sartre) um »Hochwald und Co« diese *Schnur* (Maupassant) der Kombinationen im besten *Keller* (Thomas Bernhard)kinderstil von *Werther* (Goethe) Bremen gut überstanden – sie wären sonst *im Räderwerk* (Sartre) dieses Angriffs-*Wirbels* (Mark Twain), in diesem *Malstrom* (Poe) als *Spielball der Götter* (Hagestange) untergegangen! Vor allem der »Hexer«, sonst eher *Wasserträger* (Hebel), fegte wie *Leviathan* (A. Schmidt) immer wieder *die Schattenlinie* (Conrad) des Stadiondachs entlang, wobei *die Stiefel* (Tschechow)-Technik oft sogar *Erinnerungen* (Th. Heuß) an *Emma* (Jane Austen) Emmerich wachrief. *Fiesta* (Hemingway) auf die Seite! schien er seinen Gegnern beim *Duell* (Tschechow) zuzurufen, um dann wie ein *Froschhüpfer* (Poe) über die *Felder* (Becker) zu hopsen, *Nexus* und *Plexus* (H. Miller) in einem . . .

Jedoch, *der Fels* (Eliot) der Abwehr wankte nicht, *die Kanone* (E. Roth) in der 37. Minute hielt der »Taucher«. *Die Maßnahme* (Brecht) von Trainer *Old Surehand* (May) bewährte sich: *Antitheater* (Fassbinder) um jeden *Preis* (A. Miller), den *Feind* (E. T. A. Hoffmann) zur *Kapitulation* (Herhaus) treiben. Ihm einerseits den *schmalen Weg* (Bond) zum Tor zu ver-*bau*(Kafka)en – ihn andererseits *kaputt* (Malaparte) zu hetzen – und endlich so den *Triumph des Siegers* (Tschechow) heimzutragen.

Kurz vor der *Halbzeit* (Walser) *noch einmal* (Benn) *ein Schuß im Nebel* (J. P. Jacobsen), eine *tolle Bomberg* (Winckler), ein *Schut* (May) ins *Dreieck* (Maudeville) wie ein *Haus* (Faulkner) – aber der »Taucher« hat keine *Angst vorm Fliegen* (Jong) und pariert abermals.

Dann aber der *Wendepunkt* (Klaus Mann) gleich nach Wiederanpfiff – *der Untergang* (Nossack) des Favoriten. Plötzlich tiefe *Verstörung* (Bernhard) bei den »Elf Söhnen«! Torwart »Faust I« liegt plötzlich reglos *im Grase* (Droste-Hülsoff), das *Haus ohne Hüter* (Böll) – Signal für die »Mannschaft«, auf *Tempo* (Podógin) zu spielen, wie *die heilige Johanna* (Shaw) zum *Sturm* (Lenau) zu blasen – indessen der dezimierte *Feind* (Green) wie *zehn kleine Negerlein* (Christie) herum *irre von Chaillot* (Giraudoux) – und schon zappelt *das Ei* (Marceau) im *Netz* (Habe), *kaltblütig* (Capote) schritt »Der Bär« zur *Verwandlung* (Kafka) – 1 : 0! Und da! *Der eingebildete Kranke* (Molière) Torwart erwacht aus dem *großen Schlaf* (Chandler) *und sagte kein einziges Wort* (Böll) und verließ wie ein *Amokläufer* (Zweig) das *Schlachtfeld* (Renn) und die *Kameraden* (Remarque) – um lieber zum *Watten* (Bernhard) zu *gehen* (Bernhard), bei welchem *Kartenspiel* (Strawinski) *der Verschollene* (Kafka) *spät abends* (Trakl) *im Nachtcafé* (Benn) *»Last Exit Brooklyn«* (Selby) *ohne Leitbild* (Adorno) angetroffen wurde – *eine Entfernung von der Truppe* (Böll) ohnegleichen, ein *Abgrund* (Gontscharow) an Unsportlichkeit, die alte und üble *Gallistlsche Krankheit* (Walser) ...

Was nun folgte, war eins jener *Spiele, in denen es dunkel wird* (Hildesheimer) – *kaputte Spiele* (Mechtel) des *großen Verhaus* (Kluge). Kaum hatte Ersatztormann *Der Trinker* (Fallada) sich schwankend fertiggemacht, den *Karren* (Krasinski) aus der *gesammelten Scheiße* (Dieter Roth) zu ziehen, da waren schon drei weitere Spieler unter den *Unauffindbaren* (Kreuder)! Ihr *Aufbruch* (Kafka) muß während der *Irrungen, Wirrungen* (Fontane) erfolgt sein, als dieses *verräterische Herz* (Poe) von Tormann das *Schlachtfeld* (Lenau) *verlassen* (Rilke). *Logicophilosophicus* (Wittgenstein), daß das verbleibende *Fähnlein der sieben Aufrechten* (Hemingway – stop: Verzeihung, Gottfried Keller) in seiner *Kampf* (Hitler)-*Moral* (Thoma) vollends auseinanderbrach und wie *Walsers Raben* (Hildesheimer) *wildente* (Ibsen)ngleich wie *allerleirau* (Enzensberger) *Möwe* (Tschechow)-*Vögel* (Charly Aristophanes) im *Morast* (Tschechow) herumtorkelte – und mit sich *Katz und Maus* (Grass) spielen ließ.

Ein Traumspiel also? Ein *Preispokal* (O'Casey)-Spiel der *Ersten Klasse* (Thoma)? *Nein* (Walter Jens). Aber *danach* (Uve Schmidt)! *Nach der Benefizvorstellung* (Tschechow) ging *es* (Schönherr) *vielleicht rund* (Goethe)! *Frage nicht* (Schiller)! Die ganze *Stadt* (Faulkner), ja die ganze *Republik* (Nettelbeck) schien auf dem *Gantenbein* (Max Frisch)! Ein einziges *Familienfest* (Eliot)! *Rausch* (Strindberg) – *die Lust am Untergang* (Sieburg) – die totale *Vernichtung der Sorgen* (Genazino)! *Am Tresen gehen die Lichter aus* (Max von der Grün) – *stiller* (Frisch) ward's erst wieder im *November* (Flaubert) ...

Fazit: 1. Mit Sport hat so ein *Sauspiel* (M. Walser), haben solche *Sauschlachten* (Turrini) natürlich nicht mehr viel zu tun. 2. *Besternte Ernte* (Gernhardt-Bernstein) und viel viel *Ungenach* (Bernhard). 3. *Aber egal* (Fröhlich) – *er*(Kafka)st der Sport und dann *Abend mit Goldrand* (Schmidt). Bzw. vielmehr *Ende gut* (Shakespeare), alles *butt* (Grass).

IM LAUF DER ZEIT II

»Sogar die Zeit erscheint als Ramsch.«
(Frisch, Tagebuch)

Shorts-Story

Glattrasiert, wenngleich müd verkniffenen Auges, die Schiffssirene heulte gerade blechern über den Nebelschleim Brooklyns, verließ Alwin S. seine elende Apartmentwohnung und strebte – das Maklerbüro rief, und heute vormittag würde auch jener mickrige Mr. Ronald S. Busch von der Detektivagentur Thomas Ross wieder auftauchen – auf die andere Straßenseite. Da! War das nicht seine neue Nachbarin Marilyn M., die da in nagelneuen Hotpants mit – Goddam, zischte Alwin S. durch die kaputtgerauchten Zähne – sündhaft wedelndem Arsch vor ihm herrauschte und Alwins Blicke magnetisch auf sich zog? Ah! Shut up! Doch – plötzlich: Squatsch! Pflötzsch! Rmpf! Gragragra . . . ein gräßliches Quietschen von Autoreifen – Schreie – neugierige Passanten – die Polizei – der Krankenwagen. Aber Alwin S. war schon tot. Schad' um ihn. Na ja – Shorts!

Short-Story

»Jetzt wird's langsam finster . . .«
»Da wird's dann bald wieder Nacht . . .«
»Da wird wieder was weggevögelt werden!«
»Frage nicht . . .«

Na also!

Der Reichsverweser von Schaumburg-Lippe, Herr Anton Sabl, ist nun auch verwest. Im September 1977 hatte ihn ein Schlagerl getroffen, im Oktober das zweite. Im Dezember hatte man ihn definitiv unter die Erde getan. Recherchen unter dem Boden haben jetzt ergeben, daß von Sabl partout nichts mehr da ist. Sic transit gloria mundi. Aber eine Sauarbeit war das, im Friedhof! Typisch Schamhaar und -lippe!

Auch nicht schlecht

Benedetto sia 'l giorno e 'l mese e l'anno, e la stagione e 'l tempo, e l'ora, e 'l punto, e 'l bel paese e 'l loco ov'io fui giunto da duo begli occhi, che legato m'hanno.

(Petrarca)

Spieler-Börse

Unwahrscheinliches Glück hatte dieser Tage der Schafkopf-König von Amberg-Mitte, Oskar Gnaadl-Eibenstock. Zuerst gewann er vier Soli hintereinander, dann wurde ihm von seiner Ex-Braut eine Pils-Maß spendiert, dann wurde er beim Bescheißen nicht erwischt, dann saß plötzlich sein verloren geglaubtes Abiturzeugnis neben ihm und gewann 4,80 Mark, dann glaubte er zu träumen, denn was flüsterte da seine innere Stimmung – oder sein Gewissen, ist ja scheißegal – ihm ein? Daß er der Welterlöser bzw. der Welterbe sei, dann gewann er einen Herz-Durchmarsch mit Contra und Re, dann taten ihm plötzlich die Eier nicht mehr so weh, dann focht er einen an sich ungewinnbaren Solo mit 61 Augen durch, dann stieg er vor Freude auf den Tisch und gab dem Lampenschirm einen dicken Schmatz, dann gewann er nacheinander wieder die Übersicht, einen Grünsolo mit Schneider, eine neue Braut, ein ungeheuer ungeschlachtes Selbstbewußtsein, nochmals einen Herz-Solo – und plötzlich wußte er auch ganz-ganz sicher, daß er keinen Leberkrebs mehr hatte. So geht's, wenn einer nur fest und zäh genug Fortunas Spuren folgt.

PLÄDOYER FÜR EINE ERLEICHTERUNGSSPRACHE

»Wir alle sind Flausen.«
(Montaigne)

Ist es nicht etwas Seltsames um die Sprache, um die Rechtschreibung zumal? Wer von uns vermöchte schon mit Gewißheit zu sagen, daß er Libyen, Rhythmus, Katthar und Württemberg immer korrekt zu schreiben weiß? Eben. Und dies, obgleich wir, die wir dies Buch in den Händen halten, immerhin uns konzedieren (nicht konzidieren?) dürfen, zur privilegierten (nicht priveligierten, nein?) Klasse der Halbgebildeten im Lande zu zählen.

Genau. Es ist ein Kreuz. Und doch mehren sich selbst für uns Halbdepperln am Horizont Zeichen der Hoffnung. Bzw. es mehren sich langsam, aber sehr angenehm diejenigen Wörter, die man – und auch der Duden macht z. T. schon mit – so oder so schreiben kann, praktisch: sowohl als auch. Beispiele? Nun, man kann heute schon in Presse, Essay und Schulaufsatz z. B. sowohl »Albtraum« als auch »Alptraum« schreiben, jawohl, beides geht, wetten? Gleichfalls geht »Ghetto« sowohl als »Getto«, »Aggression« oder »Agression«, »Stoppuhr« oder »Stopuhr«, »manieriert« oder »maniriert«, »Mafia« oder »Maffia«, »Whisky« oder »Whiskey«, »Kommödie« oder »Komödie«, »Spontaneität« oder »Spontanität«, »Sherriff« oder »Sheriff«, »Karpov« oder »Karpow«, »überschwänglich« oder »überschwenglich«. Auch mit dem Geschlecht nimmt man es jetzt nicht mehr so genau. Man kann heute ebenso »ein Hehl« draus machen wie »einen Hehl« – ja, man darf jetzt sogar ganze Sätze frei Schnauze schreiben, z. B.: »Sie spielte sämtliche weibliche Hauptrollen« oder aber: »Sie spielte sämtliche weiblichen Hauptrollen« – und richtig ist sowohl dies: »Wir Deutsche sind ganz schön doof« als auch gleichzeitig das: »Wir Deutschen sind ganz unglaublich verkaspert.«

Na bitte. Sollte man da seitens der Behörden nicht zügig so weitermachen, im Sinne einer Erleichterungssprache für ich und du, Müllers Kuh, Müllers Esel und auch Gerd? Ja, ist es denn nicht wahrlich schnurzegal, wenn einer im »Koma« liegt, ob er da nicht sogar lieber im »Komma« liegt? Ob einer für schnelle »Wagen« oder für schnelle »Waginas« schwärmt? Ob eins »Sepp« oder »Marie« heißt?

Jawohl, so könnte es vorwärtsgehen mit der Sozialdemokratisierung der deutschen Sprache, das wäre doch ein Stück Basisdemokratie in Richtung auf einen psycho- und sozialhigyenisch wünschenswerten Abau von Plamierängsten, von obsulaten eletären Düngeln angesichts ausgerechnet jener elimentaren kleinen Hyrogliefen, die doch eigentlich für allealle da sein sollten, auch die Bleden. Jawohl, so und nicht anderst könnte es lingwhiskisch vorwärtsgehen – nur eins, eines nur sei nicht gewährt: Es bleibt bei »Ästhetik«, aber »ästimieren«. Warum? Halldumm. Weil sonst Deutschland butt geht.

ÜBER DIE GROSSE UNINTERESSIERTHEIT UNSERER KATZEN AM FERNSEHEN

»So laßt mich scheinen, bis ich werde.«
(Goethe, Mignon)

Schwer erklärlich ist die Freude so vieler Menschen daran, sich schon des Morgens ab 8 Uhr an einem Kiosk, einem sogenannten Wasserhäuschen, aufzustellen, die Augen zu schließen und die ersten feierlichen Biere des Tages in sich hineinzusaugen, dies selbst zu Zeiten härtesten Winterfrosts. Schwer zu verstehen ist das Phänomen des erstickten Matts, aber ist es nicht gleichermaßen verwunderlich, für eine saure Weinschorle 4,50 Mark bezahlen zu müssen, und zwar in einem hundsordinären Lokal? Warum dann nicht gleich – denn dies wäre genau so plausibel – 17 oder 29 Mark?

Unerklärlich ist die Infamie des Vatikan, sich wahrhaft selbstmörderisch dem Kapitalismus resp. Konsumfetischismus an den Hals zu werfen – höchst eigenartig mahnt uns aber auch das Verhalten unserer Greise in Wurstereien und Bäckereien. Kaum sollen sie für ihre drei Semmeln und zwei Zwetschgenkuchen 2,37 Mark zahlen, schon fallen ihnen von den langwierig aus der Geldbörse in die Hand gezählten 2,37 Mark ungefähr 1,16 Mark wieder runter, und es beginnt das große Such- und Hebemanöver, bei dem die Greise nicht selten das Gleichgewicht verlieren und selber umstürzen, so daß es schon ganz aus und pervers ist und . . .

Rätselhaft ist, was Kanzler Schmidt eigentlich andauernd in der SPD zu suchen hat, undeutbarer noch die Erfahrungstatsache, daß in der Stadt Amberg – Amberg!

– werktags ab 16 Uhr fast schlagartig ein katastrophales Gebrüll und Geschrei und Gegurgle anhebt, speziell in der Altstadt, sieht man genauer hin, sind es lauter Bauhilfsarbeiter, die vielleicht ihrer Freude über den abermals gelungenen Feierabend Ausdruck verleihen, aber warum so kriegerisch, so bellend, so gleichsam waagerecht durch die Straßen fallend?

Nicht rational zu deuten ist das ständige Herumstehen von Japanern, sei's auf Capri, sei's in der Oper, von der sie ja nun wirklich noch weniger verstehen als von allem anderen, von dem sie auch nichts verstehen. Kaum kapierbar scheint das ununterbrochene Treiben der Bauwirtschaft auf dem Lande, selbst an diesigsten Novembertagen, noch rätselhafter freilich die anhaltende Bosheit unserer Frauenrechtlerinnen, ungeachtet unserer wiederholten Versicherung, daß man ihre hanebüchenen Ziele versteht und sogar toleriert.

So gut wie unverständlich ist die Tatsache, daß leidenschaftliche Jazzfreunde plötzlich Feuerwehrhauptmänner, ja Kreisbrandräte werden. Noch dunkler der Grund, aus dem, nach einer englischen Statistik, entschieden mehr Leute ins Wirtshaus hinein- als wieder herauskommen, von 100 bleiben etwa zwei verschollen drin. Nur mehr einen fahlen Schein von Sinn ergibt die Erfahrung des Todes, noch mysteriöser freilich, welche Dunkelmänner, kaum sitzt du am Tresen, ständig aus der Küche des »Pizza-Peter« heraus ihre Nase ins Lokal strecken, sie kurz und wie abwesend in den Gaststättenruch eintauchen, um dann auf Nimmerwiedersehen vollends zu verschwinden. Unerklärlich ist der Frauen (mmh!) Wankelmut, unergründlicher noch das Geheimnis des Wankelmotors, unfaßlich schön die schweifend rötlichen Nester im Kornblumenhimmel der Märzabende – unerklärlich, unauslotbar, der Zone von Geheimnis freilich auch schon wieder entrückt ist die große, ja substantielle Uninteressiertheit unserer Katzen am Fernsehen, und zwar an allen Programmen, von der Politik zum Sport, vom Wissenswerten zum eher Unterhaltsamen. Es ist nichts zu machen, sie schaun und schaun nicht rein. Dann aber, kurz danach, wenn es bei den Menschen ans Vögeln geht: dann kommen sie daher, alle Mann hoch über die Decke getigert, lassen sacht sich nieder, reißen ihre falschen Luchsaugen auf und stieren begeistert zu, die alten Schweinderl.

GESCHEITERTE ROMANANFÄNGE

1

Milde strömend hauchte Mailuft lau dem Eichbaum ins Geäst, wie in Träumen lag der Hain dem Busch zu Füßen, ferne klang des Postillons verlornes Peitschen, Papillons vertreibend, Mücken, Fliegen, Ungeziefer, das, wie ich und du, ja wie wir alle

2

Als Karin, und sie wünschte heute oft, sie hätte damals nur auf die innere Stimme ihrer Schwägerin gehört, spürte, daß Frédéric Boisserée, der Beau aus dem mexikanischen Valparaiso, der damals in Kalkutta die schmutzigen Geschäfte der Reaktion besorgte, nachdem sie, Karin, ihm, alle Widerstände brechend, Zutritt verschafft hatte in die Salons der Duchesse of Stratford on Avignon, damals unter Tränen hümmsendummsenbrummsen fuck it

3

Ronald S. Busch alias Alwin Streibl hatte in seinem 52jährigen Leben schon viele Niederlagen einstecken müssen. Als Tommy Y. Ross, so beschloß er zähneknirschend in der Silvesternacht, wollte er morgen ein neues, sein drittes, sein endgültiges Leben beginnen, das wahre Leben A. Streibls, ein Leben jenseits der Demütigungen und Desavouierungen, die zu ertragen sein straffer, wenngleich zur Korpulenz neigender Körper trotz einer chronischen vegetativen Gastritis sich zwar immer wieder und immer noch als resistent genug erwiesen hatte, aber jetzt sagte ein sechster, nur dem Agenten bekannter Sinn, daß das letzte Lebensdrittel das schwerste werden würde, geschähe nicht eine entscheidende Änderung. Es war seine letzte Chance, ja, er wußte es. Siegessicher, Whisky schlürfend, pfiff Tommy Y. Ross ein melancholiegesättigtes »Sail away« in die dösig kalte Nachtluft. Indessen, schon am nächsten Morgen war der Traum ausgeträumt. Wie von selbst trabten Ross' Beine schnurstracks zum Stammlokal Lotter, das der alte Ronald S. Busch insgeheim gern »Shakespeare & Company« zu nennen liebte, das Ross aber ab heute eigentlich meiden wollte. Kaum betrat dann Ross den Raum, schon zerstieben alle Illusionen und schönen Hoffnungen. »Ah, Alwin! Alter Sack!« fielen tausend vulgäre Stimmen über ihn her, »Streibl-Vater, zahl ein' Schnaps! Blöder Hund, jetzt hock dich her!« Noch ehe

4

Roh warf Dieter Ingrid auf den Perser. Lust, Lust, Lust, so schrien seine Negeraugen und der

5

Die Luft stand steif im Hochoktober. Laub pfiff übers keusch gefegte Land. Sein kalter Atem schlug Hans Küng in Bann. Und acht war's erst – um elf Uhr wollte der Papst persönlich vorbeikommen – um elf wollte er den Papst endgültig widerlegen, ihm seine Fehlbarkeit beweisen. Definitiv, flüsterte Küng. Nicht wollte der Minutenzeiger rücken. Küng griff noch mal zur Bibel. Schlug die Apokalypse nach, die Paulus-Briefe. Er fühlte, daß er den Papst im Griff hatte, mochte auch Johannes Paul seine ganzen Schweizergarden mitbringen – er, Hans Küng, ein armes schlichtes Menschenkind, er war auserlesen, den großen Papst ... Wie seltsam, dachte er, als er den goldenen Schinken in den bleichen Armen wog – ausgerechnet ich, der geringste aller Erdensöhne! Daß weder dem Papst noch sonst jemand etwas aufgefallen war! Diese Deszendenz zum Infantilen hin: King – Kong – Küng . . . es war, als hätte eine Dornenkrone

6

Glücklich lebte der Bauer K. bei Aalen. Noch auf dem Sterbebette blieb das Glück ihm treu. Einer nach dem andern ging ihm ab und

7

Mittagshitze schwelte über München. Über der CSU-Zentrale schien sie sich massiert zu ballen. Im Chefzimmer gärte es. Der Parteivorsitzende ließ selbst engste Mitarbeiter in den Vorzimmern warten, Termin auf Termin verstrich. Doch Strauß wollte – mußte! – mit sich alleine sein. Schon immer hatte er sich besorgt gefragt, ob denn das mit rechten Dingen zugehen mochte – heute mußte es zu einer Entscheidung kommen. Was war das? Unglaublich! Wen immer Strauß an die Parteispitze oder in führende Posten auf Landesebene berief – immer das gleiche. Die Leute hießen entweder Tandler, Stoiber, Huber, Maier, Wagner, Aigner, Neubauer – oder aber sie hießen Streibl, Goppel, Schedl, Heubl, Seidl, Pirkl, Kiesl. Nur er, Strauß, bildete die große Ausnahme. War er deshalb Vorsitzender? War es ein Wink des Fatums? Ja, sagte Strauß seufzend und wischte mit den wulstigen Fingern energisch über die Gitter seines Vogelbauers hinterm Schreibtisch, jawohl, ich nur allein bin der ßtar, der ßolist, ßingulär, ein ßtarker ßpitzenmann, ein ßaukopf und ßeppl ßondersgleichen, ich, der ich

AUS DEM LEBEN DER POLIZEI

»O Herzeleid, du Ewigkeit!
Selbander nur ist Seligkeit!
Und kommt mein Liebster nicht hinein,
Mag nicht im Paradiese sein!«
(Heyse)

Genierte sich nicht

WEISSENBURG – Am Neujahrstag früh um 10.00 Uhr protzte ein Weißenburger am Rande der Wildbadanlage voll ab. Wegen »Verunreinigung mit Kot« wurde der Mann angezeigt.

War es die Rache?

PLEINFELD – In Pleinfeld wurde ein Pärchen mit sanfter Gewalt aus der Herren-Toilette entfernt. Das Pärchen hatte sich diesen Ort des Zusammenseins und anderen Tuns ausgesucht. Kurze Zeit später bemerkte man am Bahnhof Pleinfeld, daß die Glastüre zur Toilette eingetreten war. Schaden über 300,– DM. Man nimmt an, daß es die Rache des Pärchens war, weil es bei einem wichtigen Geschäft gestört wurde.

Blaues Auge nützte noch nichts ...

WEISSENBURG – Bei einer Betriebsfeier in Weißenburg ging es lustig zu. Ein Arbeiter wurde so munter, daß er ohne Feiertagszuschlag mit dem Gabelstapler durch den Betrieb fuhr. Als der Arbeiter nun noch mit seinem Pkw fahren wollte, schlug ihn ein Kollege mehrmals »auf's

Auge, damit er nicht mehr sehen und nicht mehr fahren kann . . .«, meinte der Schläger später bei der Polizei treuherzig. Trotz der schönen blauen Augen setzte sich der Gabelstapler-Fahrer in seinen Wagen und fuhr aus dem Betriebsgelände heraus. Die Polizei wurde verständigt und nahm den Führerschein ab, der Mann mußte mit blauen Augen und ohne Wagen nach Hause wandern. Der Hersteller der blauen Augen ließ seinen Wagen ebenfalls stehen, obwohl er den Führerschein noch hatte und wanderte als begeisterter Wanderer ebenfalls nach Hause.

Aufschneider angezeigt

WEISSENBURG – Nachdem ein Weißenburger mehrmals mit dem Erfolg bei einer Frau geprahlt hatte, holte ihn sich der Ehemann und der Angeber mußte eingestehen, daß es bei einem Versuch – ohne Erfolg – geblieben ist. Der Ehemann zeigte den Verleumder seiner Frau an.

Wenn der Vater mit dem Sohne . . .

WEISSENBURG – Trotz mehrfacher Aufforderung hatte ein Sohn die elterliche Wohnung nicht verlassen. Der Vater verständigte die Polizei. Die Beamten schritten nicht ein – Vater und Sohn standen beträchtlich »unter Strom«. Der Sohn verließ freiwillig die Wohnung.

Kammerfensterln oder ernste Absicht?

WEISSENBURG – Nachts um 3.00 Uhr wurde bei einem Haus geläutet, außen stand ein Mann und forderte Einlaß. Die alleinstehende Frau mit zwei Töchtern öffnete jedoch um diese Zeit nicht. Am nächsten Tag wurde ein eingeschlagenes Kellerfenster entdeckt. Die Polizei rätselt nun, ob es ein Einbrecher mit ernsteren Absichten zum Einbrechen war oder ein Verehrer der Tochter, der Einlaß forderte.

»Blödes Volk«, weil es nicht kaufte

TREUCHTLINGEN – In der Uhlbergstraße ging ein 27jähriger Nürnberger mit Seife hausieren. Einer öffnete auf sein Läuten die Haustür, konnte sich aber nicht dazu entschließen, Seife einzukaufen. Der Hausierer beschimpfte den Mann mit »blödes Volk«, was ihm aber auch keinen besseren Seifenabsatz einbrachte, dafür aber eine Anzeige wegen Beleidigung.

Er schlug im Wirtshaus zu

BUBENHEIM – Ein 35jähriger Kraftfahrer von Bubenheim geriet in einem Wirtshaus mit einem Zechkumpanen in Streit. Er ersetzte die verbalen Argumente durch handgreifliche. Die Schläge haben eine Anzeige zur Folge.

Das wird ein teurer Spaß

BERGEN – Dieser Tage wurde ein Sanitäter in Bergen zusammengeschlagen. Der Täter ist bekannt, sein Opfer liegt im Krankenhaus. Das wird ein teurer »Spaß« für den Schläger werden.

Benahm sich nicht sehr damenhaft

TREUCHTLINGEN – Eine 27jährige Treuchtlingerin beleidigte eine andere Frau, zeigte ihr den Vogel, streckte ihr die Zunge heraus und belegte sie mit unfeinen Ausdrücken. Die solchermaßen in ihrer Ehre Gekränkte erstattete Anzeige.

Platzwunde bei Rauferei

TREUCHTLINGEN – Vor einem Treuchtlinger Lokal rauften am hellichten Nachmittag zwei Betrunkene. Der eine war schon so voll, daß seine Schläge nicht mehr trafen. Der andere zielte besser und fügte dem Widersacher eine Platzwunde an der Schläfe zu. Eine Polizeistreife kam zufällig vorbei und schrieb sich die Personalien des Peinigers auf. Er kriegt eine Anzeige wegen fahrlässiger Verletzung.

Haute Fenster ein

ELLINGEN – In der Silvesternacht wurden in einer Gaststätte in Ellingen zwei Fensterscheiben eingeschlagen. Als Täter wurde ein 12jähriger Bub ermittelt, er wollte es krachen hören.

In Nürnberg Auto aufgebrochen

WEISSENBURG – Die Weißenburger Polizei wurde verständigt, daß in Nürnberg ein Weißenburger beim Autodiebstahl erwischt wurde. Die Polizei führte eine Hausdurchsuchung durch. Wenn er zurückkommt aus Nürnberg, der Weißenburger, muß er Auskunft über einige Dinge geben.

MEIN LIEBLINGSWORT

Bzw. es sind drei. Mein drittliebstes Lieblingswort ist »Primavera«. Es bedeutet den Frühling, und so klingt es ja auch. Alle Helligkeit, Heiterkeit, Sonnigkeit dieser Erde ist in ihm versammelt, ja gefangen – sein Klang gemahnt an einen frühen, funkelnden, noch etwas kältlichen Sonnentag, die keuschen Primeln ebenso reflektierend wie die Wahrheit, Verona (Romeo und Julia) wie alle Verenas und Veronikas obendrein. Ecco, la primavera per te rifiorirà!

Mein zweitliebstes Wort ist »Tramonto«. Es meint den Sonnenuntergang, wahrhaft sonor beschwört es den Zauber, die solenne Grandezza des vergehenden Tags, das Melancho-Elegische und doch auch Hehr-Feierliche der versinkenden Purpurkugel, die Heimkehr des Landmanns auch, das Eingedenken des Vergänglichen, Stirb und Werde – Onomatopoesie schlägt sinnenhaft um in – Il bel sole volgeva al tramonto! – wahren Buchstabensymbolismus des Dunkelnd-Verglühenden, des jenseits der Berge raunend Verschwindenden – »Tramontu« wär' natürlich noch sinnfälliger . . .

Mein liebstes, allerallerliebstes Wort aber ist »Sorridere«, nein, besser kleingeschrieben, denn es hat so etwas Kindheitschönes: »sorridere«. Es wiederum knüpft, im Gegenteil bzw. im Sinne der Vollendung der Sonatensätze Allegro – Andante – Allegro, an den frühlingshellen Glanz des Primavera an, verklärt ihn aber mehr im Sinne des Scheines, in ein lieblich schimmernd Rundliches, in eben jenes »Lächelnde«, das es ja auch bedeutet, ins Lächeln nämlich einer schönen sanften jungen Frau von anmutiger Gestalt, wobei die spezifische italienische Artikulation der zweiten Silbe (klingt fast wie »rieddere«!) eben jene Rundlichkeit des Lächelnden in ein annähernd

Schelmisches, Flunkerndes eintaucht, indessen andererseits die Abdunklungen der Überhelligkeit des Vokalpotentials (i-e-e) durch die Schatten des o ebenso wangenhaft bräunlich abgetönt und abgemildert werden wie eben der Schatten (l'ombra d'un sorriso, oje oje!) der Grübchen am Ohr einer Jungfrau (Perquè un di nella reggia mi hai sorriso . . . per quel sorriso, dolce mia fanciulla, o Gott, io moro!) nebst dem leis Schmerzlichen (Che non sorride più, ahimé!) inklusive aber auch ihres frischfröhlichen Aufforderungscharakters, der da lautet: Vieni, sorride anche tu! Tutta la giovinezza della mia vita ti voglio donar . . . Ciel! Che finsterlingisches Gewichse stronzo funesto! Orrore!

ALLE HANS MA(E)I(Y)ER

Vorstudien zu einer Ontologie der Deutschen

> *»Ich fühle mich mit jedem Tag empfindsamer, leichter erregbar werden. Ein Nichts treibt mir die Tränen in die Augen.«*
> *(Flaubert, Briefe)*

In Deutschland gibt es viele Vor- und Nachnamen, zum Teil sehr schön. Die schönsten sind Hans und Ma(e)i(y)er. Zusammengenommen heißt es dann Hans Ma(e)i(y)er. Unter den Hans Ma(e)i(y)er gibt es zahlreiche bedeutende Männer. Hier sind sie.

Maier Hans

Prof. f. Allg. Didaktik an der Pädagogischen Hochschule Heidelberg. Wohnhaft Mannheim.

Maier Hans

Dr., Professor für Politische Wissenschaften, Kultusminister von Bayern. Geb. 18. Juni 31 in Freiburg/Breisgau. Verh., 2 Töchter. Hobby: Musik, bes. Orgelspiel. Veröffentlichungen: Deutscher Katholizismus nach 1945 (1964). Mitglied des Bunds der Freiheit der Wissenschaft.

Maier Hanns

Dr.-Ing., Konsul, Bauunternehmer, München. Geb. 13. 8. 22. Konsul f. Bayern. Grundstückskäufer.

Maier Hanns J.

Geschäftsführer Meck & Hambrocks GmbH, Hamburg.

Hans Mair von Nördlingen

Spätmittelalterlicher Geschichtserzähler. Verfasser des »Trojanerkriegs« (1392).

Mair Johann Ulrich

Maler (1603–1704!) in Augsburg. Schüler von Rembrandt.

Mayer Hans

Prof. Dr. Geb. Köln 19. III. 07. P. E. N. 48, Nationalpreis der DDR 55, Vorst. Mitgl. Dt. Goethe-Ges. 52, Dt. Schiller-Ges. 54. V: Georg Büchner und seine Zeit 46, Thomas Mann 50, Von Lessing bis Thomas Mann 59, Bertolt Brecht und die Tradition 61, Heinrich von Kleist 62, Zur deutschen Klassik und Romantik 63, Anmerkungen zu Brecht 65, Deutsche Literatur seit Thomas Mann 68. Übers.: Jean-Paul Sartre, Die Wörter 65.

Mayer Hans

Österreichischer Volkswirt. Geb. Wien 7. 2. 1879. Professor in Wien. Hauptwerk: Der Erkenntniswert der funktionellen Preistheorien (1928).

Mayer Hans

Photomodell. Darsteller des Frank S. Thorn in der Puschkin-Reklame der frühen 60er Jahre.

Mayer Hans

Dr. rer. pol., Dipl.-Kaufm. Geschäftsführer d. Gummi-Mayer GmbH. 674 Landau/Pfalz, Hans-Mayer-Weg 5. Rotarier.

Mayer Hans F.

Dr. phil. nat., Dr.-Ing. E. h. Prof., Physiker, wohnhaft 8 Solln-München. Geb. 23. Okt. 1895. Ehrendoktor der TH Stuttgart. Mitgl. d. Max-Planck-Ges., Ges. Dt. Naturforscher u. Ärzte, Dt. Physik. Ges., VDE.

Mayer Hans Eberhard

Dr. phil., O. Prof. f. mittlere und neuere Geschichte u. hist. Hilfswissenschaften, Univ. Kiel.

Mayer Johann Tobias

Mathematiker und Astronom (1723–62). Hochverdient um die Mondkunde. Erfand 1750 den Spiegelkreis. Hauptwerk: Theoria lunae juxta systema Newtonianum (1767).

Mayer-Frieder Hans

Esslingen, Kunsthändler.

Mayer-Uellner Hans

Generaldirektor Hannover, Vorstandsvors. Kämmerei Döhren AG. Landesverbandsvors. der Textilindustrie Niedersachsen u. Bremen.

Mayer-Wegelin Hans

Dr. oec. publ., O. Prof. f. Forst- und Holzwirtschaft (emerit.) in Hamburg. Geb. 27. 8. 1897. V: Das Holz als Rohstoff (1955).

Meier Hans

Oberkreisdirektor Landkreis Neustadt, 3057 Neustadt/ Rbg. Landratsamt.

Meier III (Räber) Hans

Redakteur. Geb. 15. V. 17. 1. Preis d. Literaturwettbewerbs d. Schweizer Spiegel-Verlags 1942. Roman, Novelle, Glosse. Tilla und der Neunerklub 1964. Rote Räbbli 1957.

Meier John

Prof., Germanist und Volkskundler (1864–1953) V: Bruder Hermanns Leben der Gräfin Jolande (1889) u. a.

Meyer Hans

Prof. Dr. rer. pol. Hamburg. Geb. 23. 12. 1894, seit 1931 Privatdozent. Verh., 4 Kinder, Liebh. Hausmusik, Wandern.

Meyer Hans

Befehlshaber des Schlachtschiffes »Tirpitz«, jetzt Pensionär in Hamburg.

Meyer Hans

Kolonialgeograph (1858–1929). Ausgedehnte Reisen nach Ostafrika. Prof. der Kolonialgeschichte. Hauptwerk: Der Kilimandscharo (1900).

Meyer Hannes

Geboren 18. 6. 31 in Wien. Drama, Lyrik, Novelle: V: den mund von schlehen bitter (Lyrik). Abseits der Wunder (lyrische Prosa).

Meyer Johannes

Richter, Flensburg.

Meyer Hans Helmut

Versicherungsdirektor in Göttingen, zu erreichen über Gothaer Lebensversicherung.

Meyer Hans B.

Presse- und Rundfunkkorrespondent in Washington. Mitglied des National Press Club Washington.

Meyer Hans Horst

Prof. d. Pharmakologie (1853–1939). Stellte (unabhängig von Overton) die Lipoidtheorie der Narkose auf.

Meyer Hans Heinrich

Maler und Kunstgelehrter (1760–1832). Freundschaft mit Goethe in Italien. Sog. »Kunscht-Meyer«.

Meyer Hans Bernhard

Geb. 20. 8. 1898. Hauptschriftleiter in Reinbek bei Hamburg. Novelle, Aphorismus, Roman. V: Schaffende Hand, Kämpfendes Land 1937, Herz über dem Abgrund 1965.

Meyer Hansgeorg

Diplom-Journalist. Geb. 19. 5. 30 in Karl-Marx-Stadt, Arbeitsgemeinschaft für das Kinder- und Jugendbuch der DDR. V: Anekdoten 1958, Pionierleben im Kinderbuch 1962.

Meyer-Heinrich Hans

Dr.-Ing., Dr.-Ing. E. h., Direktor i. R., Vizepräsident der Türk.-Dt. Handelskammer Frankfurt a/M. Geb. 9. 11. 1895. Seit 1911 Philipp Holzmann a. G.

Meyer zu Spradow Hans

Dipl.-Ing. Geschäftsführer Jul. Wolff & Co. GmbH. Maschinenfabrik Heilbronn. Geb. 1. 9. 1903.

Man sieht, abgesehen vom Namen gibt es zwischen diesen Männern kaum ein gemeinsames Band. Das macht nichts. Der Tormann vom FC Bayern München heißt Sepp Maier, der Spielmacher Hans Müller.

MEIN ERSTER UND LETZTER APHORISMUS

Sehnsucht ist, wenn du dich in den böhmischen Wäldern nach der Toscana sehnst, betrachtend aber die sanften Hügel der Toscana von Sehnsucht weich überspült wirst nach dem Riesagebiage, ja, ja, bin ja schon still. Obwohl, *so* doof ist er auch wieder nicht.

HYMNE AUF BUM KUN CHA

Schön ist, Mutter Natur, deiner Erfindung Pracht,
Die den großen Gedanken vermochte, den
Knaben zu träumen, zu denken – und dann auch zu
Bilden mit den schnellen, beseelten, jauchzenden
Füßen des Jünglings: Flink, flitzend,
Flirrend und flackernd – nicht lange fackelnd,
Doch feuernd und feiernd; den fühlenden Herzen
Frankfurts zur Freude.
Bum Kun Cha! Freund aus dem Osten! Fremdling bist
Du nicht länger – nicht bitt'res Los ist Exil
Dir! Heimat, die zweite, du fandst sie.

Wunderbar ist die Gunst denn des Gottes des
Fußballs. Zwar niemand weiß, wann und von wannen
Er schenket nach Puskas und Pele und Kempes den
Neuen Erwählten – nie doch und nimmer vergißt
Er sein hoffendes Volk. Über Indien hinaus
Und den Ganges spähet sein
Forschender Blick, ins ferneste Land, da
Seit Alters Männermut blühet und hoher Sinn.
Tapf'res Korea! Du schenktest uns Cha!

Festlicher klinge mein Saitenspiel! Denn lang
Lieb ich dich, Cha, schon, drei Monde –
Drei Monde schon fällt dein verjüngendes
Licht auf die scheinbar gealterte Eintracht. Wir
Sahen dich erstmals, Lieblicher, gegen Stuttgart,
– und das Herz war bezaubert, verzaubert bald
Gar. Ach! Wie du da Förster, den Holzer,
Versetztest und Martin, den Rammler, so daß selbst
Sie dein Lob dann sangen – wie du dich

Schlängeltest durch die Abwehr – um endlich,
Endlich, kurz nach der Halbzeit, hoch in die
Lüfte dich reckend, die Flanke von Borchers
Nahmst mit der Stirn, der klugen, das
Leder versenktest im rechtesten Toreck – es war
Wie ein Herzkrampf, ein schöner, in Freude und
Ahnendem Jubel in eins.

Am Abendhimmel blühte ein Frühling auf, und
Sein Name war Cha. Die Eintracht aber, jahrlang
Von Klippe
Zu Klippe
Geworfen, glühte mit dir, o mein Trauter, zu
Neuschönem Glanze. Aus dem Schlaf des
Dornröschens erwachte die alte, die beinah
Vergeß'ne Primdonna sehr rasch. Vergessen das Alter
Grabowskis, vergessen der Streit mit dem Trainer.
O neues heilig' Herz der Mannschaft! Uns zur
Erhabenen Lust stürmst du, Schönster, so viel ich
Sah, seither, wie der Vogel des Waldes über die
Wipfel fliegt, schwingst du, Zierer, leichter und
Mühlos und sonder Gewalt dem Tore dich zu, dem
Beschützten – Östling unter Deutschen,
Und ihnen dennoch verwandt in der Seele,
Nah auch in Tordrang und Technik und
Teilung des Raumes in all seiner
Tiefe . . .

Kenntnisreicher Künstler am schwarzweißen Balle!
Der Mann aus Korea allein hat die Präzision deines
Abspiels. Trocken schlägst du die Pässe, den
Kurzpaß sowie auch den raumgreifenden Vetter, den
Steilpaß. Nicht fremd ist dir der
Fallrückzieher, wir sahen's. Du zeigtest, daß

Auch in Asia, dem fernen, bekannt ist der Trick
Mit dem kunstreichen Haken – doch mehr noch
Erstaunen den Gegner die nicht-orthodoxen, die
Tricks, die im Lande noch unbekannt. Freilich,
Nie ähneln sie je doch der Tücke des Panthers,
Nie schielet Verschlagenheit Asiens durch –

Fair play ist Bum Kun Chas Religion!

Ach, abermals weiden die Augen auf dir! Hurtig
Treibst du das Leder nach links, kühner umkurvst
Du den grätschenden Stopper, zaubernden Fußes
Entläßt du den Lib'ro in Scham. Leichthin,
Euphorion erinnernd, vergleichbar auch durchaus
Der zarten Gazelle, dribbelst du torwärts und
Spannst doch den Fußnerv alljetzt schon zur Bombe –
Denn kaum hinkt die Macht deines Schusses der
Pracht nach Bernd Nickels, genannt »Dr. Hammer«:
Dem du, so liest man, längst Brücken der
Freundschaft gebaut hast, auch menschlich . . .
Herzschöner Mann! Flutlichtumschwärmt auf den
Flügeln der Flanke, jetzt plötzlich der rechten,
Füllhorn der Technik, Fülle des Seins!
Samtschwarzen Seraphkopfs sehr schönen Scheins!
Seht nur den Doppelpaß jetzo mit Nachtweih und
»Holz«! Tripelpaß ewiger Klarheit!
Genius des Ostens! Sel'ges Korea!

Ein Flankengott jener Abramczik? Da lachen die
Götter des alten Olymp! Sie lachen Schorsch
Volkerts und
Lächeln ob jenem, der, unrhythmisch seltsam,
Rummenigge sich nennt! Wer kennt Okudera? Cha
Aber – ob der nun »Cha Bum Kun« heißt, so wie die

»Frankfurter Rundschau« es will; oder doch
»Bum Kun Cha«, wie die FAZ ihn besingt; oder
»Tscha Bum«, wie »Bild« ihn begrüßte – dich,
Cha, kennt Deutschland, kennt Asien, die
Welt so und so – –
Ew'ges Korea!

Im Winde klirret die Fahne zum Eckstoß. Gefahrstufe
Eins. Anläuft Cha Bum, herrlich die Flank' in die
Fluten der Zeit! Schon steht Cha Bum wieder nah
Dem Elfmeter, lauert des Zuspiels, hilft
Hinten aus. Schneisen schlägt er in Spielfeldmitte,
Schleusen öffnet sein schneller Fuß: Sammelnd der
Gegenwart hohes Vergang'nes, einend die Künste
Grabowskis mit denen des Pfaff, Kressens gedenkend
Und eingedenk Sztanis. Fußball berückend – und
Rührend selbst Toni, den treuedlen Zeugwart, der
Dir, Cha, im Air-Bus von Braunschweig nach
Frankfurt die Wange gar küßte; so stand's in der
»Rundschau« . . .
Geh' unter, HSV! Trunken dämmert die
Seele selbst dir (3 : 2)!

Ja, in den Ozean all deiner Tricks will ich mich
Stürzen, Bum, sturztrunken einfallen laut in die
Chöre des Jubels, Sohn einer fußballträumenden
Mutter. Anbeten will ich – gleich dir, der du
Betest vor Spielbeginn und auch während des
Kampfs »ständig vertieft bist im Gebet«, wie
Wieder die »Rundschau« weiß. Anbeten will ich,
Singen dein Lob all mein Lebtag und
Endlich, wenn's gut geht, warte nur balde,
Berückt in Verzückung unendlicher
Schöne vergeh'n – – –

Nur, Bum, daß du, folgt man einem Bericht in
Der FAZ, nach deiner Aktiven-Laufbahn Deutsche
Predigend zu Gott bekehren willst, das, Bum,
Muß ja wohl nicht sein.

ÜBER DIE WIBBLINGER

1

In Wien wurden 1882 geologisch-historische Schürfungen gemacht, und zwar in der Sivorigasse. Hierbei fanden die Verantwortlichen in 20 Meter Tiefe viele kleine Särge im Zigarettenschachtelformat. Als man hineinschaute, lagen darin lauter winzige Menschenskelette, alles war haarscharf da, nur sehr klein. Zugeeilte Anthropologen stellten fest, daß es Wibblinger waren.

Begeistert über diesen Fund wollten die Ausgräber die Sivorigasse gleich in Wibblingerstraße umtaufen. Auf dem Polizeirevier 5 wurde ihnen jedoch der Bescheid, daß es eine Wibblingerstraße in Wien schon gibt. Deshalb heißt die Sivorigasse heute noch Sivorigasse. Das mächtige Wirken der Wibblinger wird davon aber nicht berührt.

2

Jeder rundwegs gebildete Mensch kennt die Geräusche der sogenannten Poltergeister. Sie bestehen vor allem aus einem beharrlichen Klopfen und Sägen, ganz primitiv. In den angelsächsischen Ländern tritt es besonders häufig auf. Ganz früher hielt man es einfach für Gespenster. Dann kam die Aufklärung, hörte alles und behauptete, es seien niedere Intelligenzen, welche, dem menschlichen Auge verborgen, ihr Wesen treiben. Animiert, sagten die Aufklärer, würden die Intelligenzen durch Wellen und Strahlungen, wie sie von heranwachsenden Kindern, sogenannten Pubertäten, oft ausgehen. Das wurde dann Telepathologie und Parapsychologie genannt.

Dieses ist ein wissenschaftlicher Schmarren. Richtig daran ist nur, daß man die Intelligenzen nicht sieht. In Wirklichkeit sind es Wibblinger und sowohl mit dem natürlichen Menschenverstand (common sense) als auch mit dem Handwerkszeug der Aufklärung gar nicht richtig zu erfassen.

3

Wibblinger bedrohen unsere gesamte Zivilisation. Sie stellen alten Frauen den Fuß, zersetzen Treu und Glauben und verwirren selbst die besten Köpfe der Nation. Niemand weiß mehr Bescheid, auch Max Horkheimer nicht und Peter Hohl. Das freut den Wibblinger. Es gibt aber auch gute Menschen unter den Wibblingern bzw. sie sind moralisch indifferent oder wie.

4

Wibblinger sind streng zu scheiden von Zwergen, Schraten, Gnomen und ähnlichem lichtscheuen Gelichter. Denn während diese aller Welt sichtbar und beherrschbar sind, bleiben die Herren Wibblinger den Blicken der Sterblichen verborgen. Erst mit ihrem Ableben nehmen sie, wie die Ausgrabung in Wien beweist, menschliche Gestalt an und materialisieren sich zu feinen, zierlichen Figuren in Zigarettenlänge. Aus dem Skelett des Kopfes darf man auf sehr plumpe und unbedeutende Gesichtszüge schließen.

5

In den Himmel können Wibblinger nicht kommen, in die Hölle aber, wegen ihrer niederen Intelligenz, auch nicht leicht. Deshalb tut man sie nach ihrem Ableben an einen schönen Ort.

6

Wibblinger leben oft in Gruppen, oft solo. Wie's kommt. Wie der Mensch.

7

Beim ersten Tridentinischen Konzil wollte ein aufgeweckter Kardinal aus Irland also wissen, wie sich die Kirche eigentlich zu den Wibblingern stelle, in Sonderheit betreffs der Seele. Viele der versammelten Vertreter trauten ihren Ohren nicht. Eine ungeheuerliche Kühnheit war passiert: die Wibblingerfrage erstmals aufs Parkett gebracht. Später verschwand sie wieder. Der Kardinal aber lebt als Vorläufer der Kritischen Theorie fort. Sein Name ist vergessen.

8

Oft sagen die Leute, wenn sie sich ärgern, es ist die Tücke des Objekts. Die Narren! In Wahrheit sind es die Wibblinger. Allerdings wollen diese dabei meist nichts Arges. Es sind halt spielfreudige kleine Wesen, die die Auswirkungen ihrer Arbeit wegen ihres kleinen Geistes nicht so voll überschauen.

9

In Schottland ist neulich ein Wibblinger beobachtet worden, der nicht nur sägen, klopfen und hacken, sondern auch Zeug schieben konnte. Hohen Vertretern des dortigen öffentlichen Lebens und der Kirche ging das zu weit. Jahrelang hätten sie nun zugeschaut, bitte, auch der Wibblinger sei schließlich ein Kind Gottes oder wie, aber jetzt lange es. In einem offenen Brief lud ein Trupp Kardinäle die Wibblinger zur freien Diskussion, wo man alles regeln könne. Die Wibblinger aber scherten sich nicht drum, sondern sägten, hackten und klopften weiter, und einer schob.

10

Von der Wissenschaft noch nicht gelöst, ja nicht einmal ernstlich angegangen, ist das Problem, ob die Wibblinger wenigstens untereinander einander sehen können. Allerdings, es ist ja auch heute noch nicht klar, ob Engel sich sehen, und auch der Papst hat keine Ahnung. Erst wenn das raus ist, wird man hinsichtlich der Wibblinger vorsichtige Analogieschlüsse ziehen dürfen, wenn auch keine genauen.

11

Mit aller Behutsamkeit darf man sich aber anhand der Mainzelmännchen des Fernseh ein Bild von den echten Wibblingern machen. Wie jene treiben die Wibblinger dumme und scheinbar lustige Dinge und treten zumeist in kleinen Gruppen auf. Das hämische Kichern der Fernseh-Männer gleicht dem Klang der Wibblinger, nur daß man dieses nicht hört, weil es noch viel feiner ist.

Ist auch der Gilb ein Wibblinger?

12

In Rosenheim (Obb.) treibt es z. Z. ein Wibblinger in einem Anwaltsbüro wieder besonders arg. Ununterbrochen läßt er das Telefon klingeln, verstellt die Stromuhr, läßt die Lampe schwingen und außerdem allerhand Laute vernehmen. Man hat dann einen Fachmann von auswärts kommen lassen, der alles sehr interessant, aber den Wibblinger nicht gefunden hat. Dieser hat vielmehr vor den Augen des Parapsychologen weiter seine Telefonate getätigt, Lampen schwingen lassen, Laute hervorgestoßen. Ein weiterer Beweis für die Unangreifbarkeit des Wibblingers, aber auch für dessen geringwertige Intelligenz.

13

Zu der Zeit, als der liebe Gott noch auf Erden wandelte, klopfte er auch einmal an der Tür eines Wibblingers an. Da klopfte es zurück.

14

Auch in Amberg (Opf.) wurden eines Tages, zur Zeit der Gegenreformation, anläßlich von Schürfungen kleine zierliche Skelette gefunden, wie seinerzeit in Wien. Das müssen aber schon ganz ulkige Kerlchen und Herrlein gewesen sein, denn man nannte diese Wibblinger sofort Schrannen. Heute zeugt in Amberg der malerische Schrannenplatz von den alten winzigen Schrannen, die wahrscheinlich Wibblinger gewesen waren. Häufig treffen sich dort am Abend Burschen und Mädeln zum Streicheln und Blädeln.

15

In Oldesloe bei Eimsbüttel lebt ein lutherischer Pastor, der glaubt an überhaupt nichts mehr als an die Wibblinger. Da merkt man doch wenigstens noch was, sagt er, wenn man schon nichts sieht . . .